RECUEIL DE DANCES

contenant

un tres grand nombres, des meillieures

ENTRÉES DE BALLET

DE Mr PECOUR.

tant pour homme que pour femmes,
dont la plus grande partie
ont été dancées à l'Opera.

Recüeillies et mises au jour

PAR Mr FEÜILLET M.^e DE DANCE.

A PARIS

Chez le Sieur FEÜILLET Ruë de Bussi
Faubourg St Germain à la Cour Impériale.

AVEC PRIVILEGE DU ROY. 1704.

Published by
The Noverre Press
Southwold House
Isington Road
Binsted
Hampshire
GU34 4PH

© 2010 The Noverre Press

ISBN 978-1-906830-09-0

A CIP catalogue record for this book is available from the British Library

A Son Altesse Royalle
Monseigneur le duc D'orleans

Monseigneur,

Le juste dicernement de V.A.R. Surtout ce quil y a de plus parfait dans la Nature et dans les Arts, ne permet pas a Ceux qui y font quelque decouverte de chercher un autre protecteur, et la bonté avec laquelle V. A. R. Ecoute ceux qui ont l'honneur de l'approcher fait qu'ils se determinent presque tous a luy faire homage de leurs productions: Cette même bonté Monseigneur me fait prendre aujourdhuy la liberté de dedier a V, A, R, les

Plus belles entrées de ballet des Operats, vous les avés honoreés separement de votre attention' jéspere qu'elles auront le même avantage toutes ensembles C'est une Suitte de la Choregraphië que jay donné au public, je Serais trop heureux Monseigneur Si le fruit de Cette decouverte toit du gout de V. A. R. mais elle est si fort au dessus des plus belles productions, que je ne luy presente ce recüeil que Comme un effet de mon Zele du tres profond respect avec lequel je Suis —

de votre Altesse Royalle —

Monseigneur

le tres humble tres obeissant et
tres Soumis Serviteur —

Feuillet

Preface

Apres avoir donné au public des moyens faciles pour aprendre d'euxmêmes toutes sortes de dances par des caracteres intelligibles, je me sens obligé pour recognoissance à l'accüeil favorable que la France et les pays étrangers ont fait aux deux éditions de mo liure de la Chrégraphie, de le favoriser encor de plusieurs dances qui ont fait de nos jours, un des plus beaux ornemens du theatre: il me suffit pour rendre ce reciieil recommandable de faire cônoitre que Mr. Pécour, Pentionnaire du Roy, ancien de l'Academie Royalle de dance et compositeur des ballets de l'Academie Roy. de musique en est l'Auteur.

Il se trouvera peut être des personnes qui diront que je suis longtemps a tenir ma parolle, par ce que depuis la premiere édition de mon livre je leur fais Esperer l'ouurage que je donne maintenant; mais il cesseront de me blamer en considerant que la plus grande partie de ces dances ayant étédancées à l'Opera en differens temps, depuis plusie. années, et par differens danceurs et danceuses, ils ma falu une peine et une application immense pour les recüeillir et les graver avec autant d'exactitude quelles le sont icy; comme cet ouurage est un Fruit de la Chrégraphie, j'ose esperer que ceux qui la possedent ne seront pas longtemps a s'en munir.

Je joins à ce recüeil un petit traité de la Cadance beaucoup plus étendu que n'est celui de la Chorégraphie, ce sujet est assés beau pour meriter un assés gros volume; mais je me contente pour l'usage des danceurs d'expliquer les differentes mesures sur lesquelles on dance, et cóment tous les airs se reduisent à deux et à 3. temps; en suitte je fais connoitre la valeur de chaque pas, comme l'on connoit la valeur de châque notte de la musique, et je réduis en temps egaux tous les pas, qui se trouvent dans châque mesure des dances pour étre raportés au temps des mesures des airs, de maniere que rien n'est plus aisé de connoitre la cadance de châque pas.

Toutes les dances qui sont contenuës dans ce recüeil sont rangées d'une maniere à pouvoir s'en servir cóme autant de lecons, j'ai mis celles des femmes les premieres cóme étant les plus aisées, et celles des hômes les dernières cóme étant les plus difficiles, ensorte que l'on trouvera dans cet ouurage de quoi se satisfaire car il y a des dances tres aisées et de tres difficiles execution, tant pour homme que pour femme, et pour une ou pour deux personnes.

J'ay mis au cómencem.t de châque dances les noms des personnes qui les ont dancées, et dans quel opéra; de plus j'ay fait graver à la fin de ce volume tous les airs des dances rangées dans le mème ordre quelles sont gravées en Chorégraphie, a fin que l'on les puissent joüer sans tourner le feuillet, et que par le moyen du chifre qui est marqué au comencement de chaque air, l'on puisse trouver precisement la dance qui à été composée sur ledit air, ce qui fait le mème effet qu'une table.

TRAITÉ DE LA CADANCE.

Je ne remarque dans les Airs pour principe de la Cadance ou mesure que de deux sortes de mouvemens qui sont mesures à deux temps, et mesures à 3. temps par ce que de ces 2. la dépendent tous les autres, dont les uns sont plus vites et les autres plus lents, de manière que tous les airs se peuvent battre à deux temps, et a trois temps.

Exemple

Je dis qu'une mesure d'une air à quatre temps n'est autre chose que deux mesures, d'un air à deux temps, car si je suppose une barre dans une mesure à quatre temps comme à celle qui est icy à coté que je donne pour 1.er exemple, et qu'au lieu de croches j'en fasse des noires, et au lieu de noires j'en fasse des blanches; il est certain que j'aurai deux mesures à deux temps, comme l'on voit par le 2.e exemple; ainsi, une mesure à quatre temps ne doit être regardée dans la dance que comme deux mesures à 2. temps, et voila la raison pourquoi on met deux barres pas dans une mesure d'un air à quatre temps.

1.er Exemple.

2.e Exemple.

On doit regarder la mesure de Loure, ou gigue lente comme la mesure à quatre temps, par ce que, quoi que la Loure ou gigue lente contienne six temps, et que l'autre n'en contienne que quatre, chaque mesure de Loure ou gigue lente, fait le même effet que deux mesures à trois temps, ainsi si je pose une barre à la moitié d'une mesure de Loure, ces deux moitiés seront deux mesures à trois temps.

Loure

Il y a encore d'autres mouvem.ts dont chaque mesure se peut partager en plusieurs autres, comme ceux dont les Italiens se servent assés ordinairem.t pour leurs mouvem.ts a quatre temps vites, dont voici à coté un petit exemple.

Mouvem.ts de quatre temps vite. 1.er Exemple.

Ces sortes de mouvemens ne doivent être considerés dans la dance que comme des mesures à trois temps semblables à celles du passepied ou du menuet, en regardant chacun de ces quatre temps comme autant de mesures; car si je pose des barres entre chacun de ces temps, comme aux endroits ou on voit des lignes ponctuées, il est certain que cette seule mesure m'en produira quatre, qui seront des mesures de passepied, come on voit par le 2.e exemple, et si des croches j'en fais des noires, et que des noires j'en fasse des blanches, alors j'aurai quatre mesures de menuet, comme on voit par le 3.e exemple.

2.e Exemp. Mouvem.t de Passepied.

3.e Exemp. m.re de Menuet.

Ayant ainsi connu, comment tous les airs se peuvent reduire à deux ou à trois temps, il ne s'agit plus que de faire coprendre coment tous les pas se raportet au tems des mesures des airs sur lesquels ils auront été composées.

Traité de la Cadance.
Moyen pour Trouver Facilement la Cadance de châque pas.

LE véritable moyen de trouver la Cadance de châque pas est d'en connoitre la valeur, de la même maniere que l'on connoit la valeur des notes de la musique après quoi on reduit en temps egaux tous les pas qui se trouvent dans châque mesure des dances, de même qu'on reduit en temps egaux toutes les notes de la musique qui se trouvent dans chaque mesures des airs.

Comme je n'ai rien trouvé de plus convenable pour donner la valeur à chaque pas simple, que la liaison dont je me suis déjà servi pour en faire un coposé, je me servirai encor de cette même liaison pour donner la valeur à châque pas simple, en observant ce qui suit.

ON remarquera pour regle générale que tous les pas simples qui seront liés ensemble d'une seule liaison, seront tous d'une egale valeur entre eux en sorte que chaque pas lié occupera un temps de la mesure de l'air sur lequel il aura été composé comme on voit icy à côté par les deux exemples.

A Ces deux exemples et à tous ceux qui suivent, j'ai marqué tous les pas par des chifres, affin d'en mieux connoitre les temps ou la valeur, et de s'accoutumer à les raporter plus facilement aux temps des mesures de l'air qui est noté au dessus, où sont encor les mêmes chifres observant de raporter les n.° 1. 2. ou 1, 2, 3. qui marquent les temps de cadance aux mêmes n.° 1. 2. ou 1. 2. 3. qui marquent les temps des mesures de l'air.

Quand il arrivera que deux pas ne seront pas tout à fait liés, c'est à dire que quand un bout de la liaison ne touchera pas précisement l'un desdits pas, ce sera une marque celui ou la liaison ne touche pas tout à fait, vaudra une fois autant que l'autre, et doit être consideré en cette occasion côme une blanche dans la musique, par ce que lui seul vaut deux temps au lieu que celui qui est lié tout à fait n'en vaut qu'un.

Deux ou plusieurs pas liés d'une double liaison, ne peuvent jamais valoir qu'un temps, ce qui arrive toujours lors qu'il se trouve dans une mesure de dance, plus de pas qu'il n'i en a dans la mesure de l'air.

Exemple.

S'il y a trois pas dans une mesure à deux temps je dis qu'il faut absolument qu'il y en ayt deux qui soient liés d'une double liaison, ce qui sera une marque que ces deux pas doublement liés, ne vaudront qu'un seul temps, et c'est ce qu'on appelle, pas double.

Traité de la Cadance.

Si dans une mesure à trois temps il y avoit quatre pas pour une seule mesure, on seroit aussi obligé d'en doubler deux comme on a desja fait cy devant.

Enfin on observera pour régle générale que tout ce qui sera lié d'une double liaison ne poura jamais valoir plus d'un temps.

Les pas qui n'ont point de liaison comme sont ceux qui se trouvent ordinairement seuls dans une mesure, valent toute la valeur de la mesure de l'air qu'ils occupent, ainsi je dis que si un pas lui seul occupe une mesure d'un air a deux temps ce pas vaudra par consequent deux temps; et si ce même pas est mis sur une mesure à trois temps, de même il vaudra trois temps.

Je dis donc avec raison, que tous pas qui se trouvent seuls dans une mesure, soit à deux temps, ou à trois temps, valent autant que la mesure de l'air, sur laquelle il a été composé, à moins qu'il ne fut accompagné de quelques signes à copter comme il arive assés souvent qu'un pas se trouve accompagné d'une demie mesure, de soupirs, ou de demy soupirs, qui sont des temps que l'on compte sans dancer, et pour lors le pas est diminüé autant de valeur comme il se trouve de temps à compter.

Exemple.

Si dans une mesure de dance à deux temps il y a un pas accompagné d'une demie mesure, il est certain que ce pas ne peut valoir qu'un temps, par ce que la demie mesure est pour l'autre temps pendant lequel on reste sans dancer.

De même si dans une mesure à trois temps il y a un pas qui soit accompagné de deux soupirs, ce pas ne vaudra qu'un temps, par ce que les deux soupirs valent les deux autres temps que l'on est obligé de compter pandant lesquels on ne dance point; et si dans une semblable mesure il n'y avoit qu'un soupir, en cette occasion le pas vaudroit deux temps.

Aprés avoir expliqué côment tous les pas de la dance se raportent sur les mesures à deux, et à trois temps, j'ai cru être obligé, pour en rendre l'usage plus facile, de donner encor plusieurs exemples comme l'on voit dans les 4. pages qui suivent.

Dans les deux premiéres l'on voit cômment un même pas se peut rapporter sur une mesure à deux temps, comme sur une mesure à trois temps, en observant les valeurs comme il a été enseigné ci-devant; et dans les deux autres pages, sont contenües deux couplets de dances, l'un sur un air à deux temps, et l'autre sur un air à trois temps.

Exemples pour les mesures à deux et trois temps.

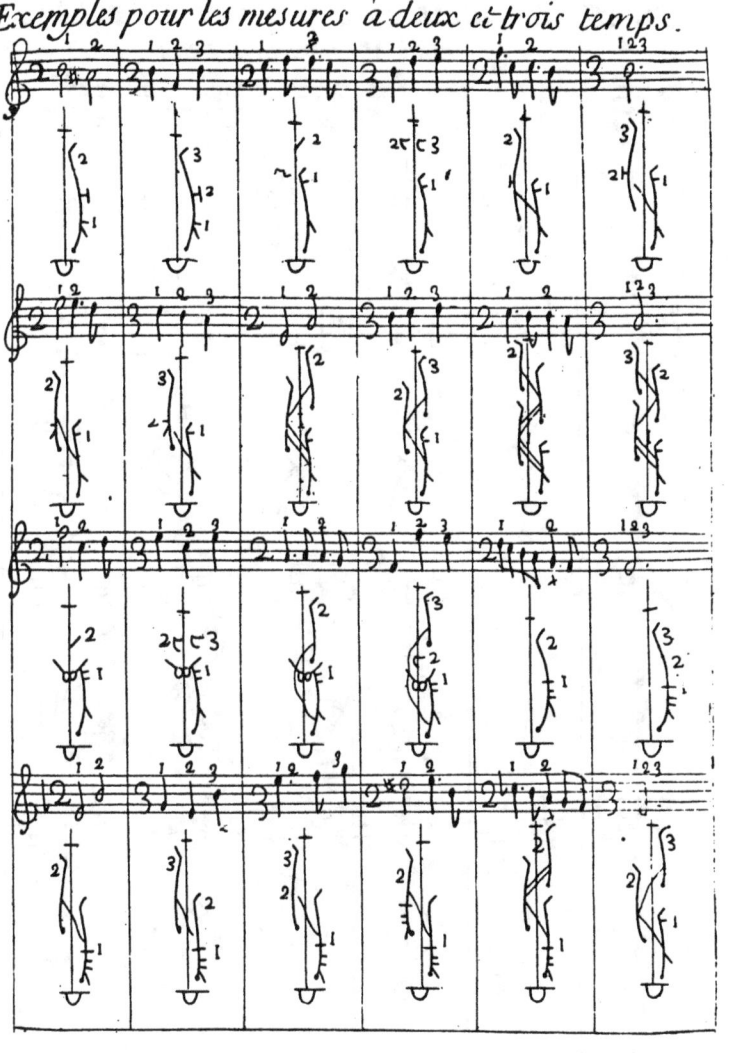

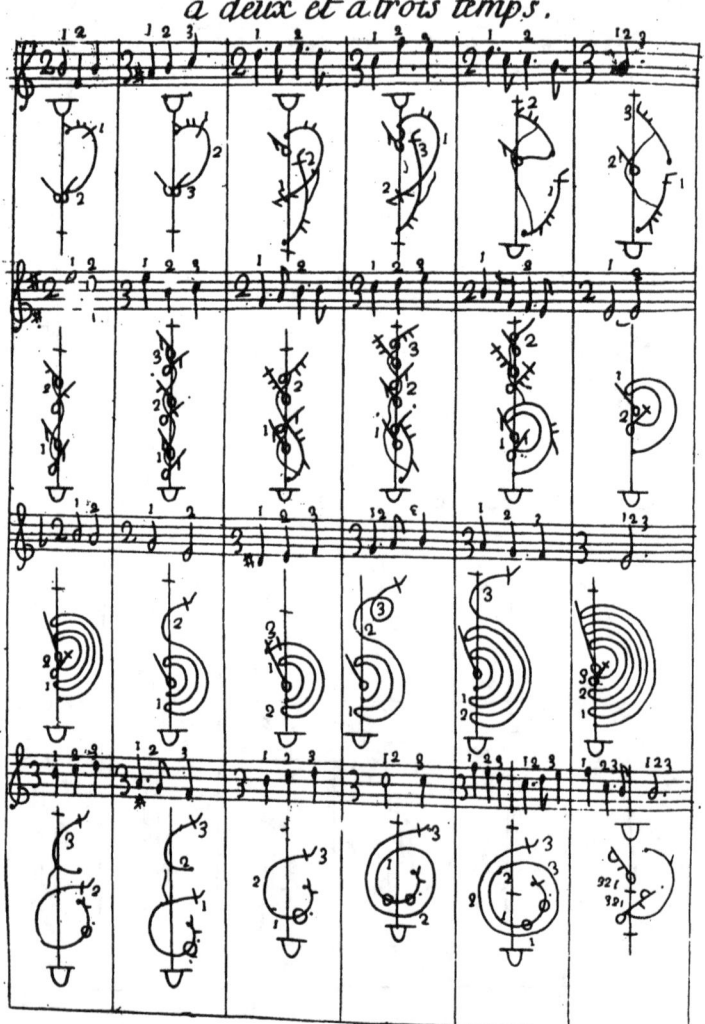

Suitte des Exemples pour les mesures à deux et à trois temps.

Traite de la Cadance

air a deux temps

Couplet de dance sur un air à 2. temp

Pour mettre ce Couplet de dance dans la
veritable Cadance, il ne s'agit que de compter en
dançant tous les teps de chaque mesure de dance,
comme l'on compte les temps de chaque mesure
de l'air, et les reduire tous egaux entre-eux,
comme quand on bat la mesure d'un air,
en comptant en soi même 1.2. 1.2. 1.2. et s'ans
aucune interruption, et aussi egalement (s'il
est possible) que le balancier d'une pandule, et
d'un mouvement conforme à celui de l'air, et
compter ainsi jusqu'a la fin du couplet, et
même recomencer s'il est besoin, jusque à ce
qu'on ait par la pratique, bien egalisé tous
les temps, après quoi l'on n'aura plus qu'a
faire jouer l'air si l'on en a la commodité
ou le chanter soi même, du mouvement
qu'il doit etre, et l'on trouvera que tous les
temps de chaque mesure de l'adance se
raporteront tous aux temps des mesures
de l'air.

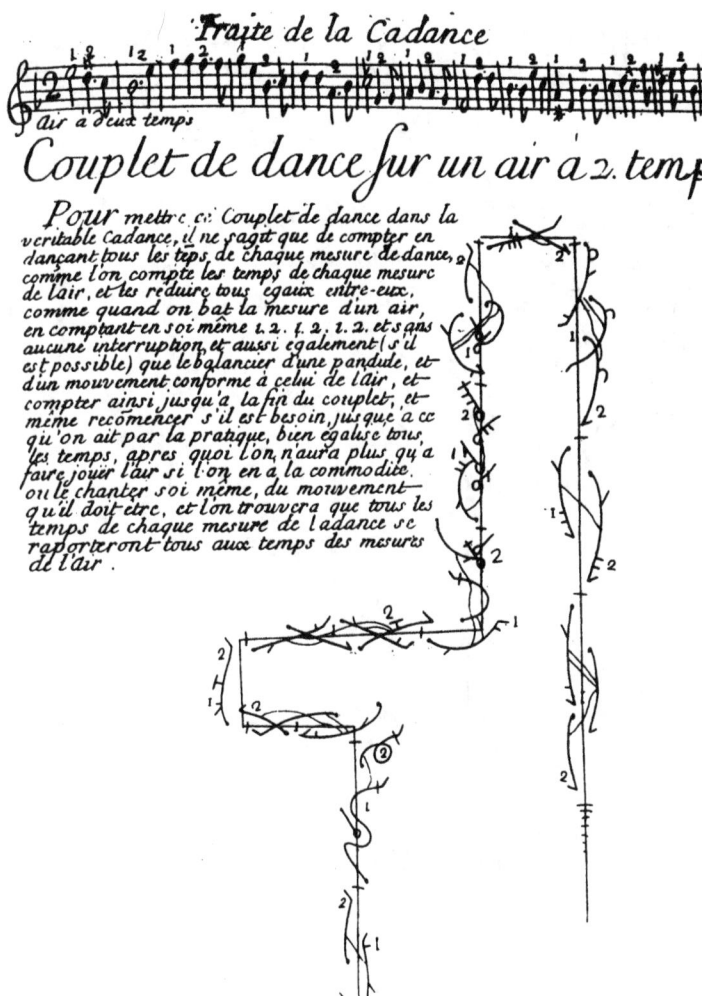

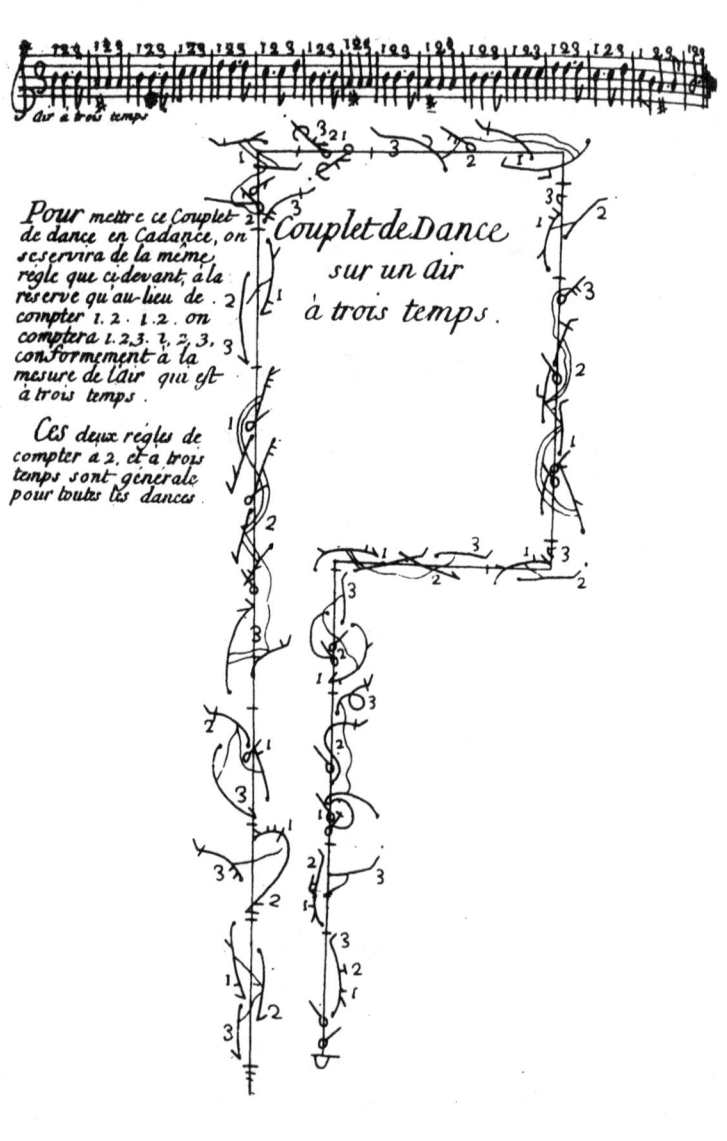

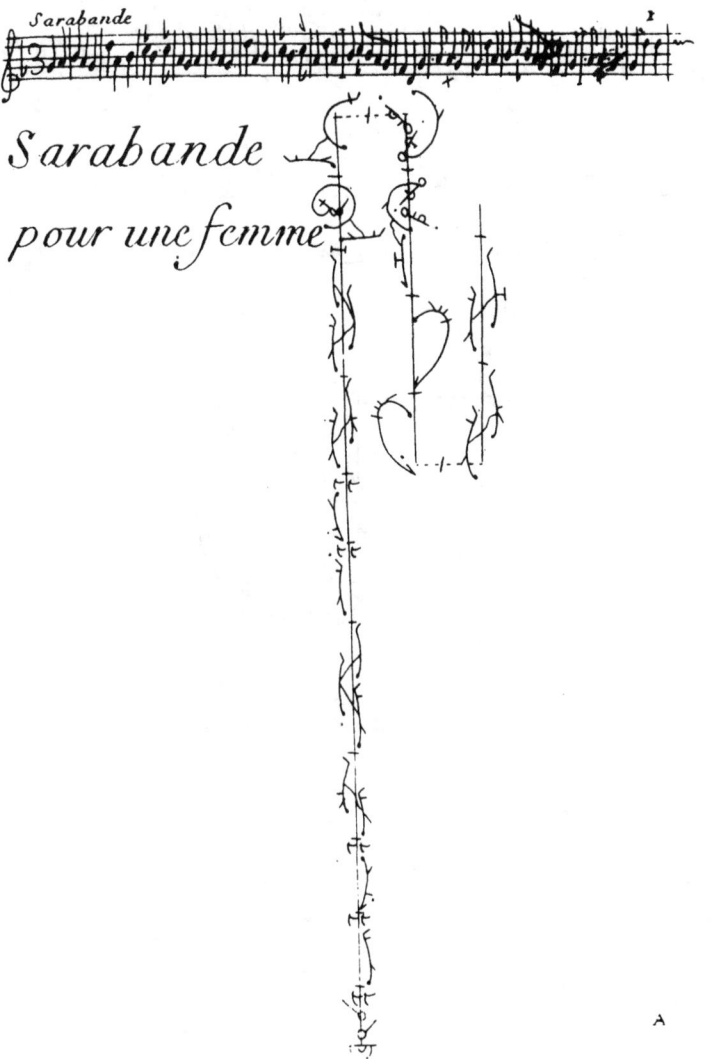

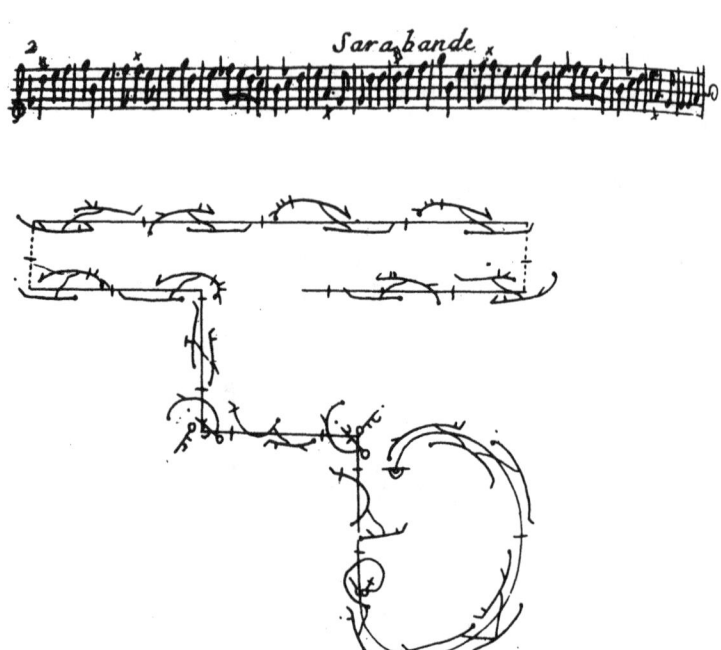

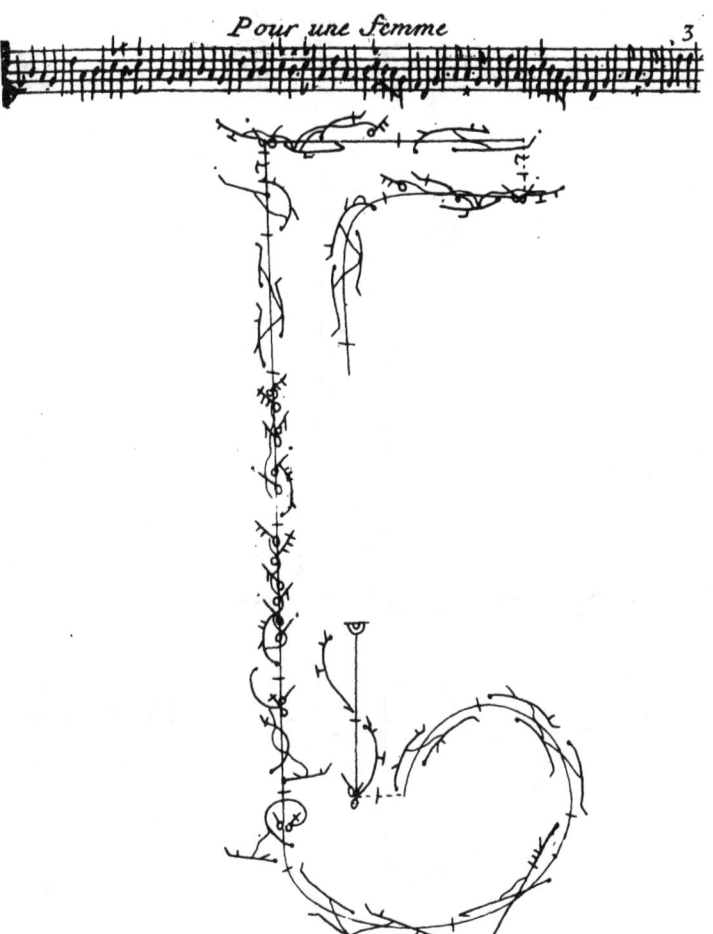

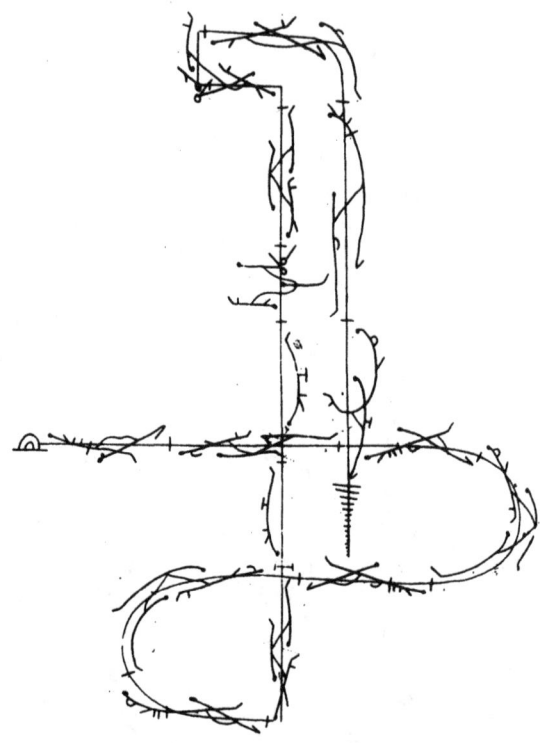

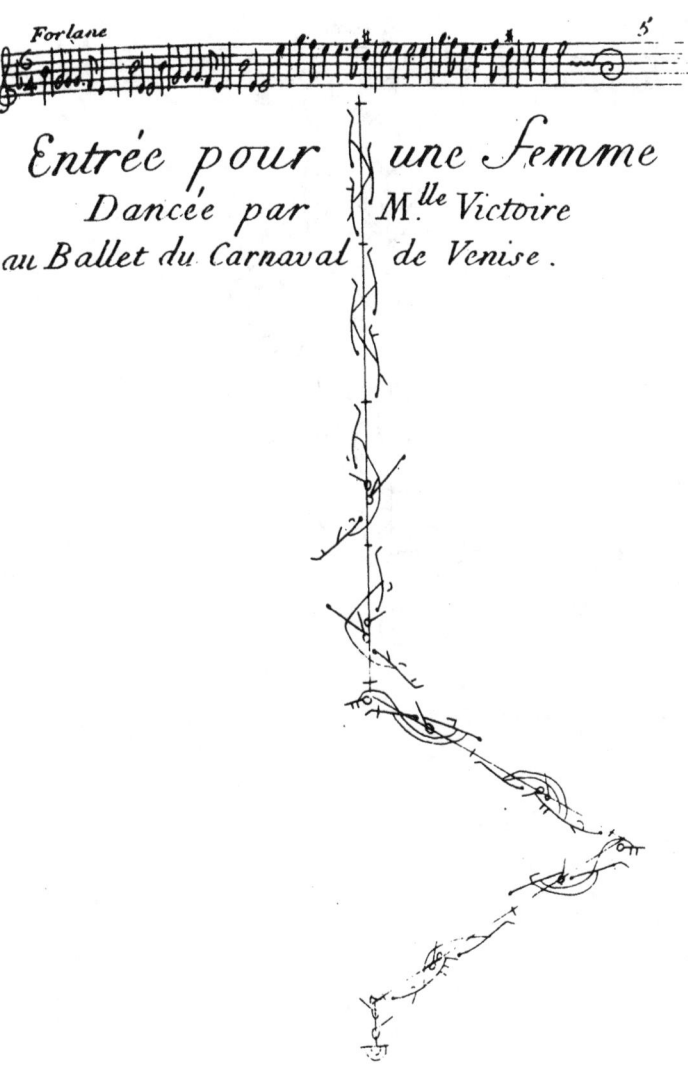

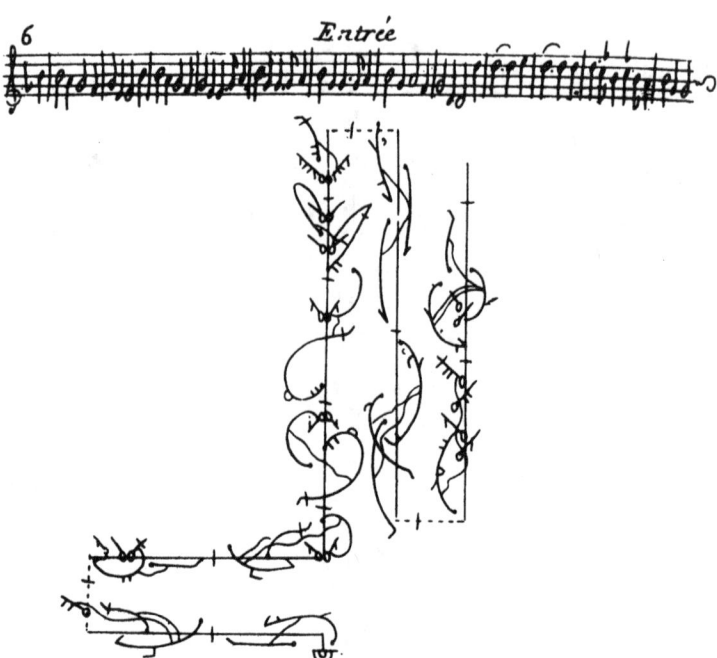

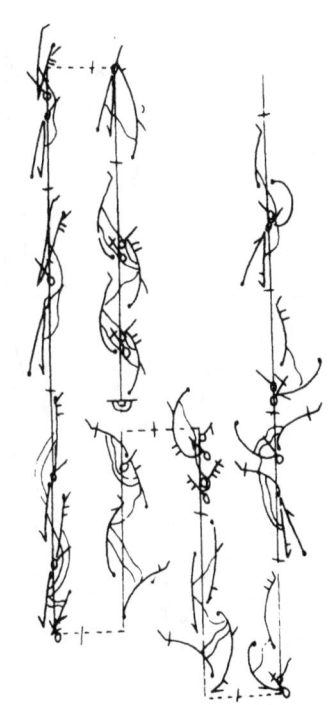

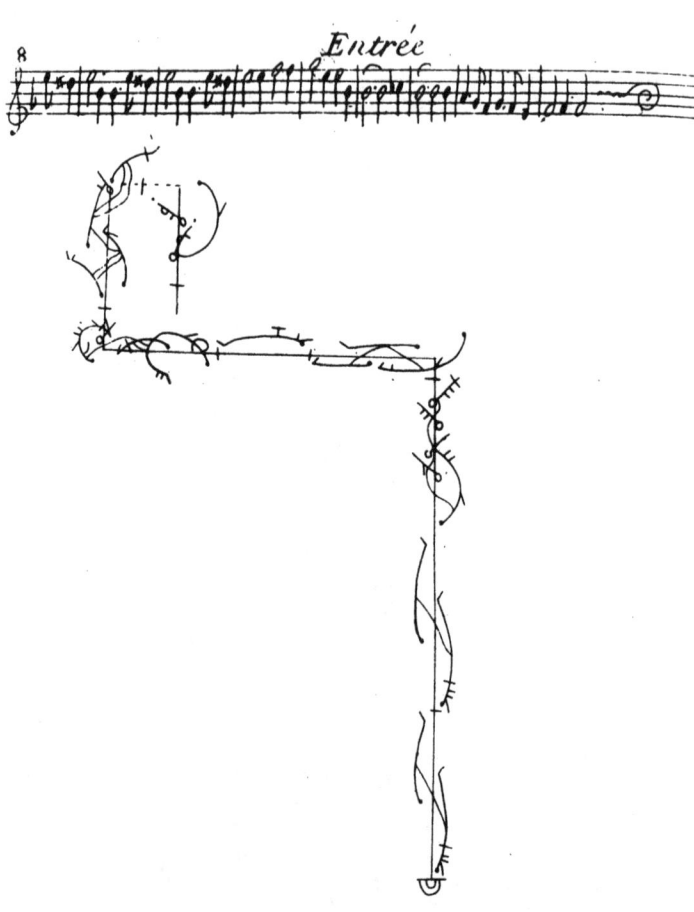

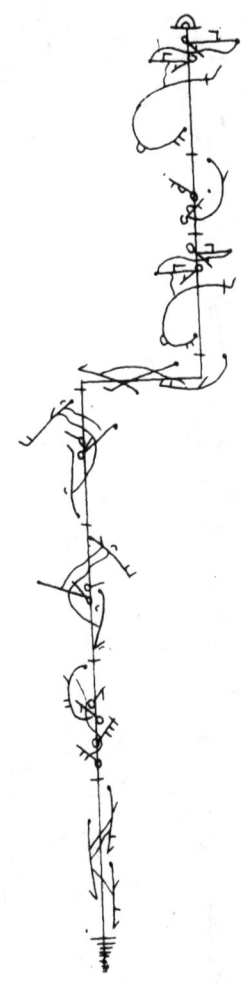

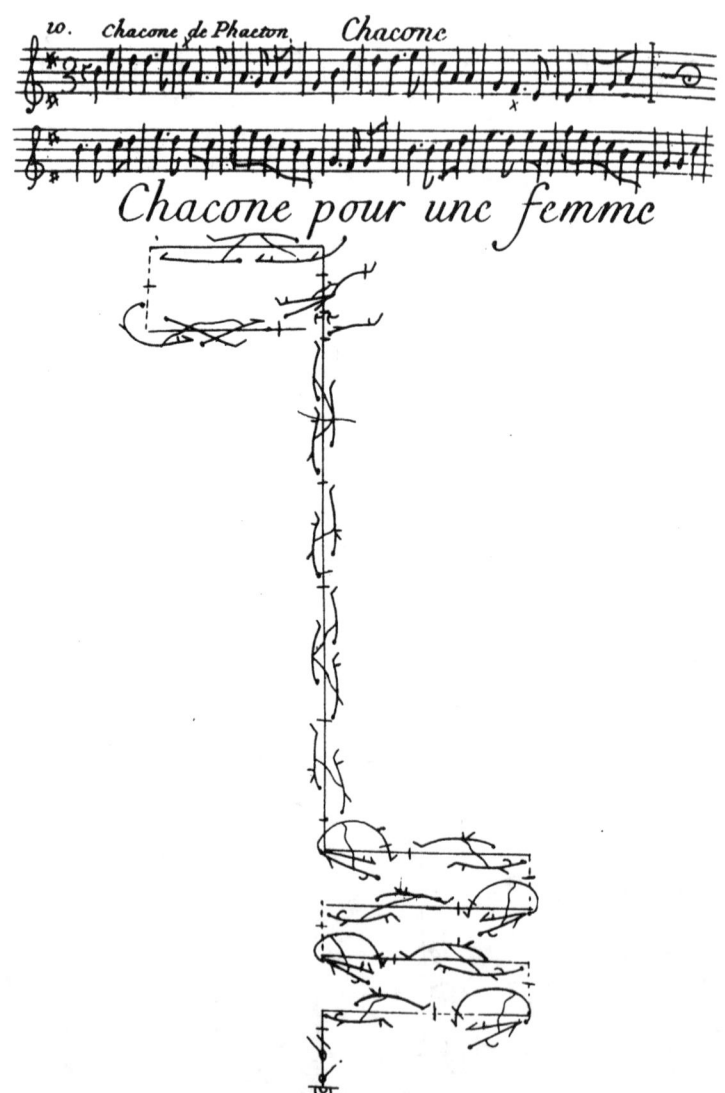

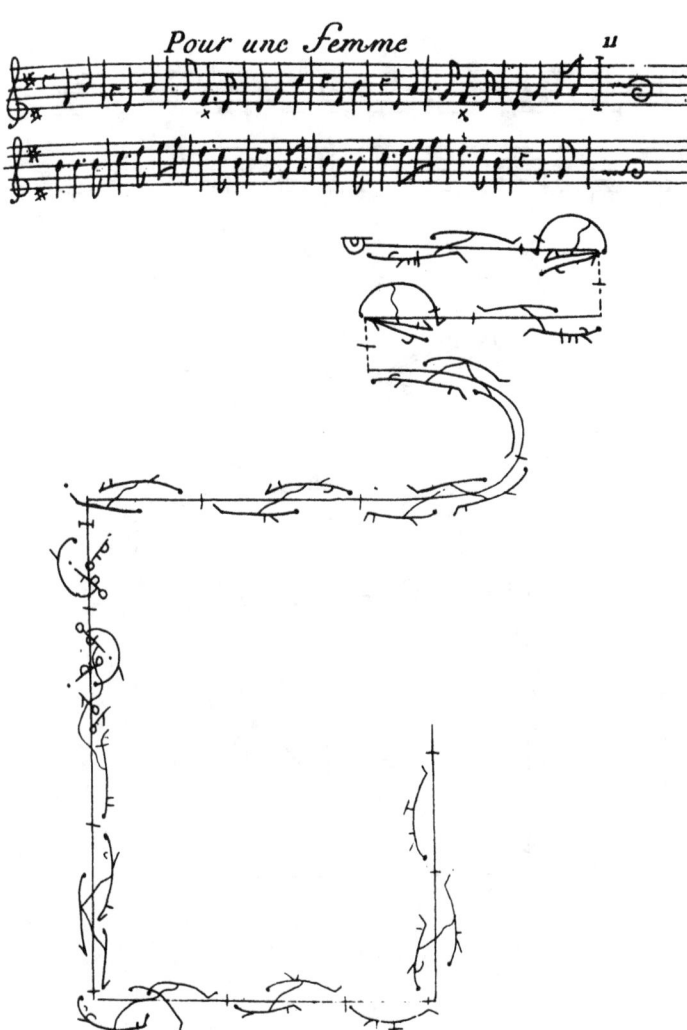

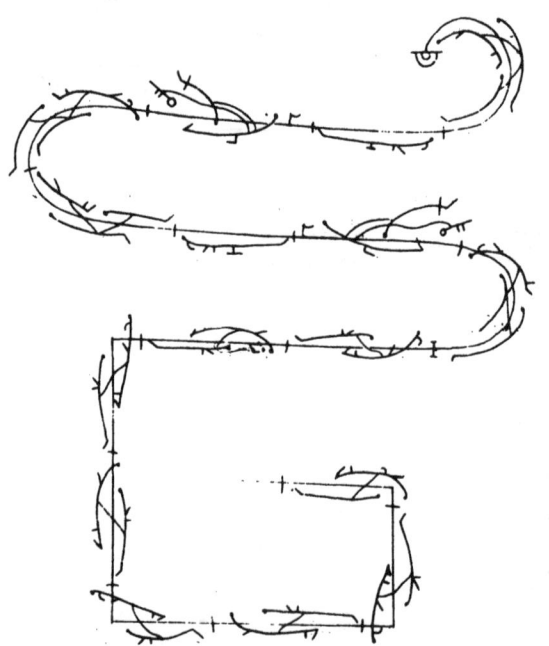

Pour une femme

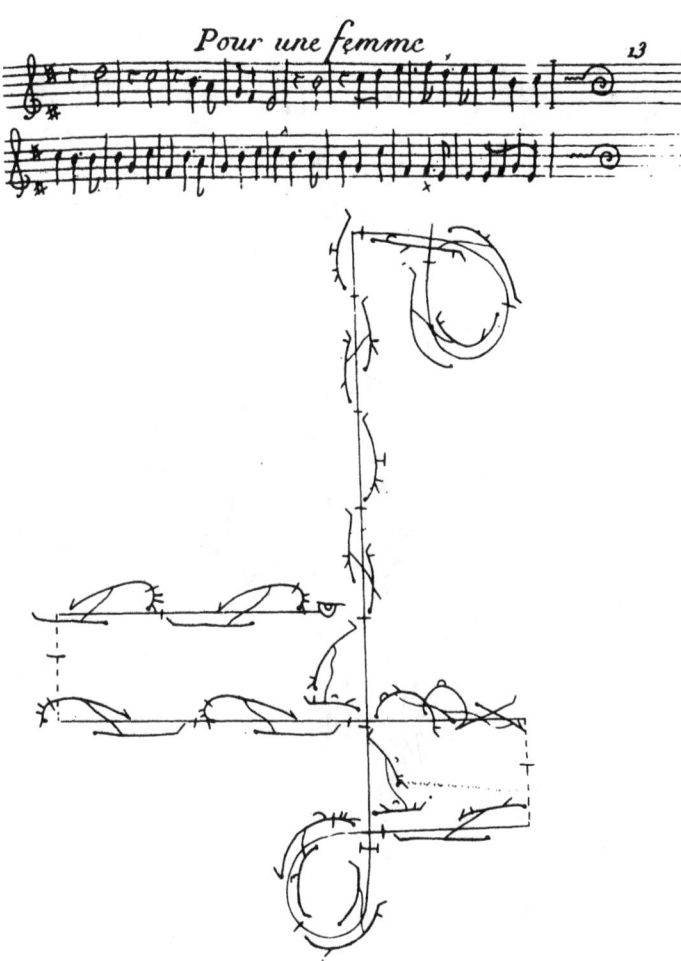

Chacone

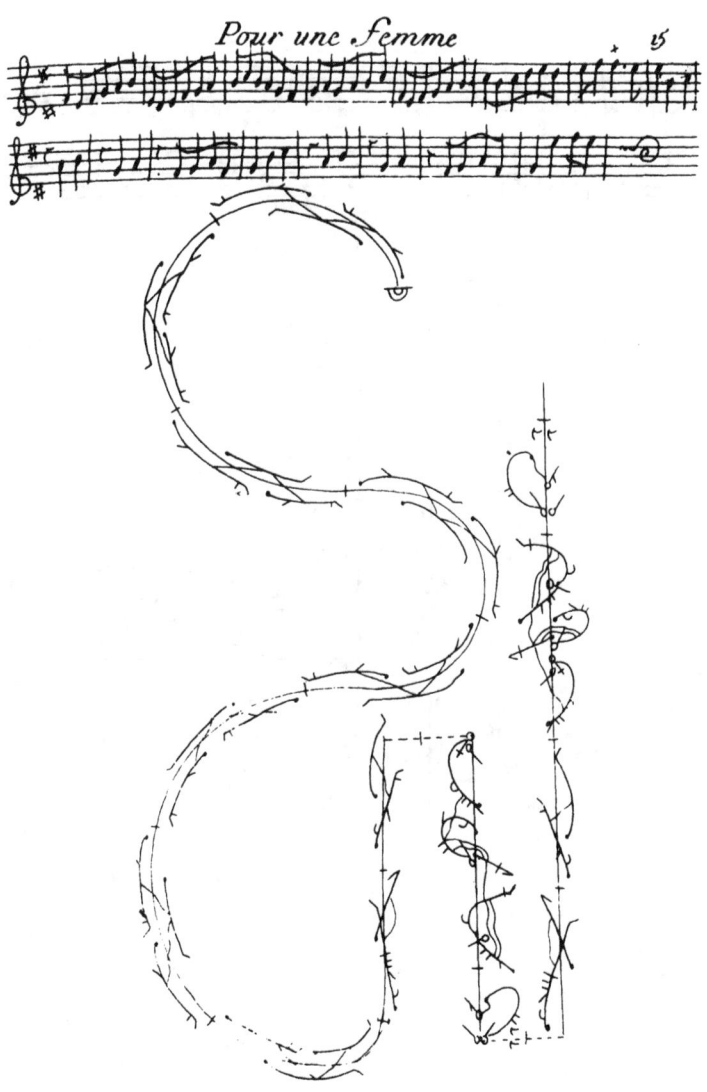

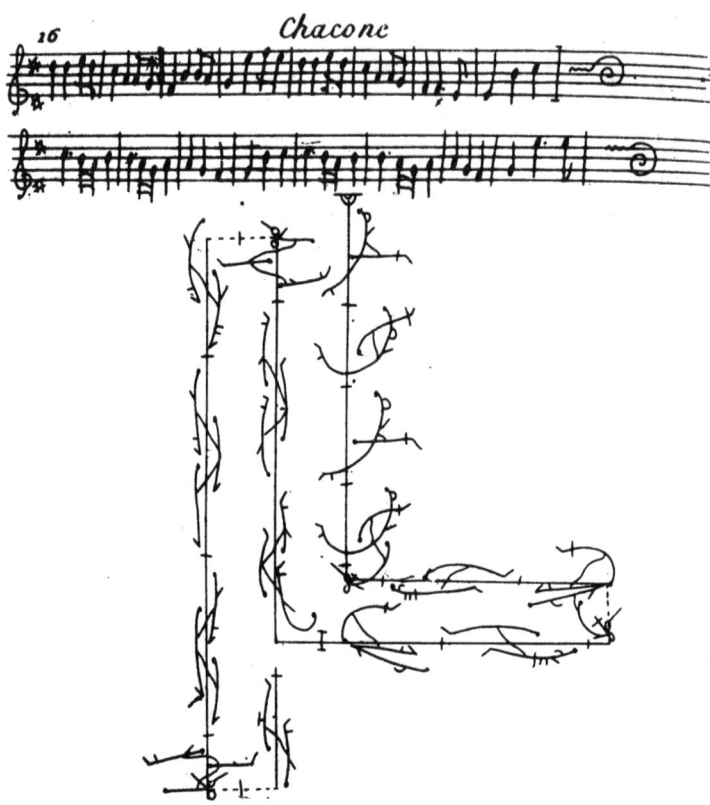

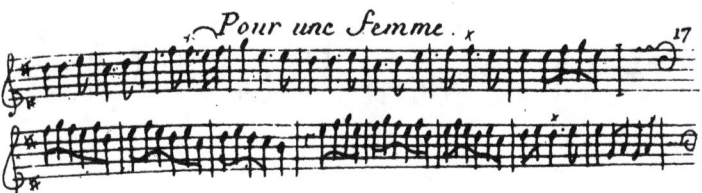

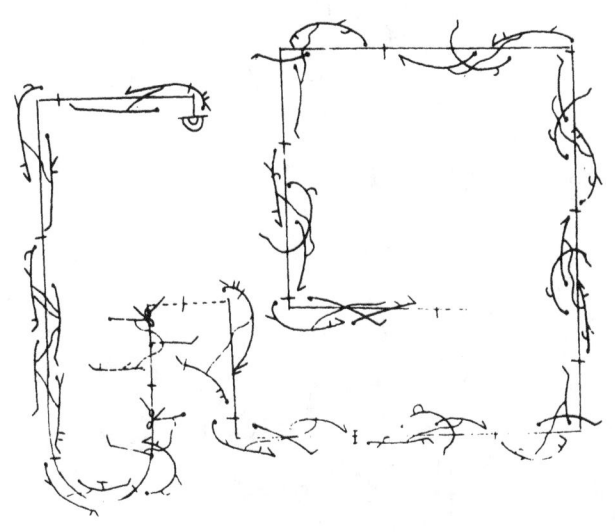

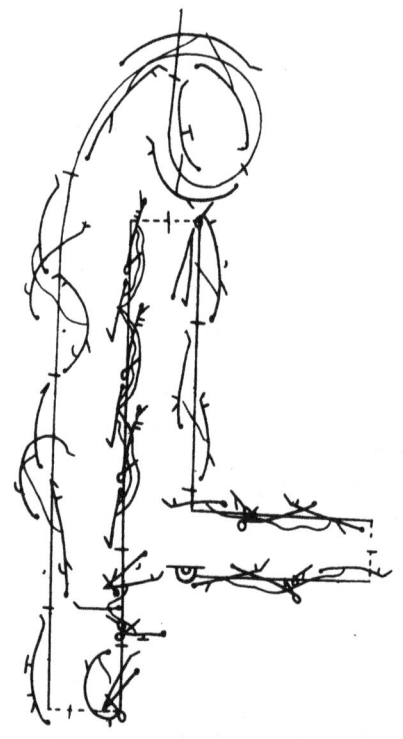

Pour une Femme

19

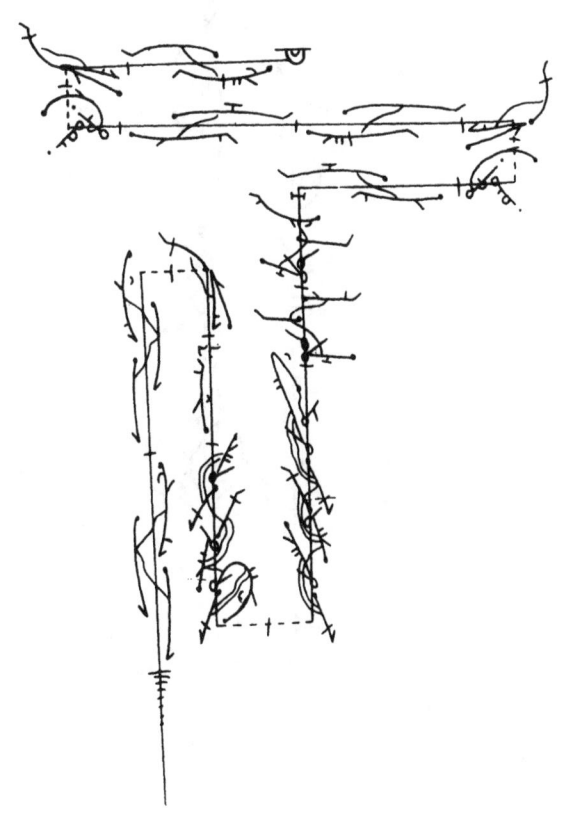

20 Passacaille.

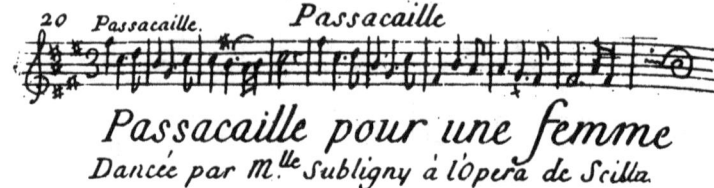

Passacaille pour une femme
Dancée par M.lle Subligny à l'Opera de Scilla.

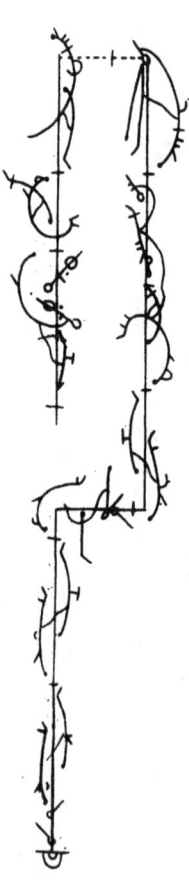

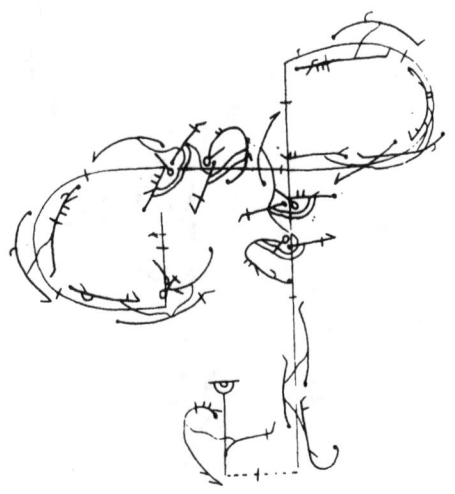

Passacaille

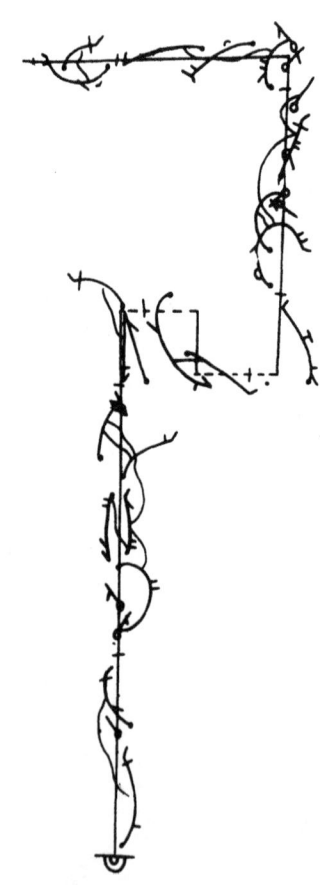

Pour une Femme.

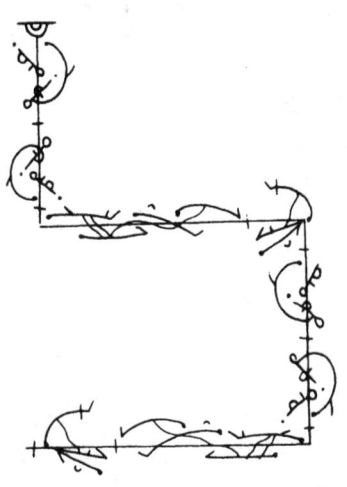

Passacaille

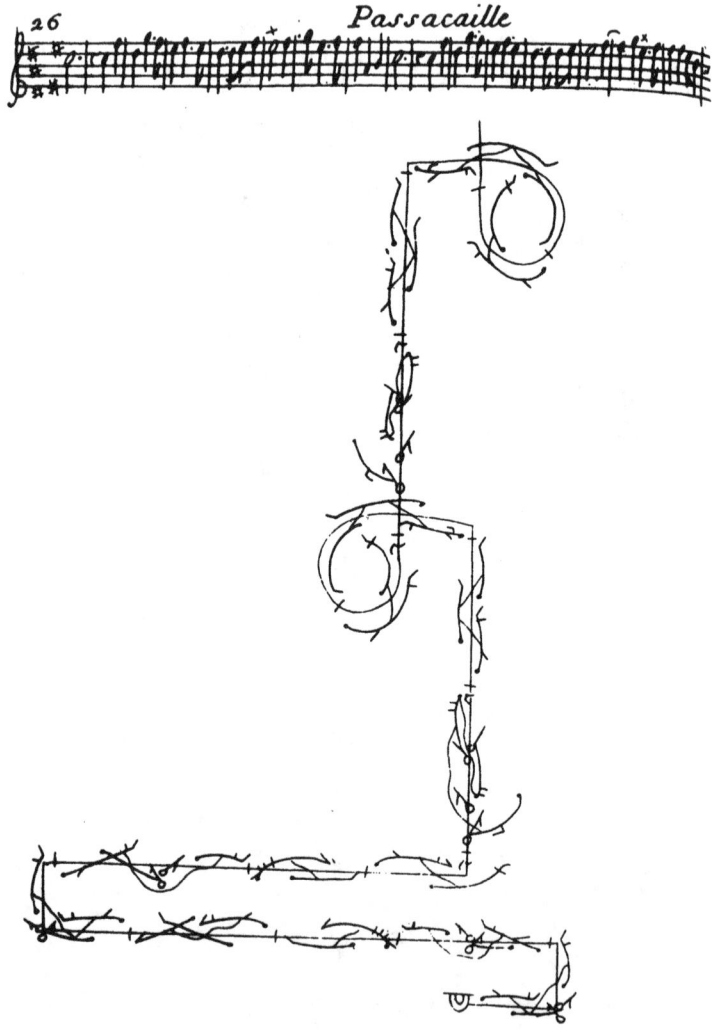

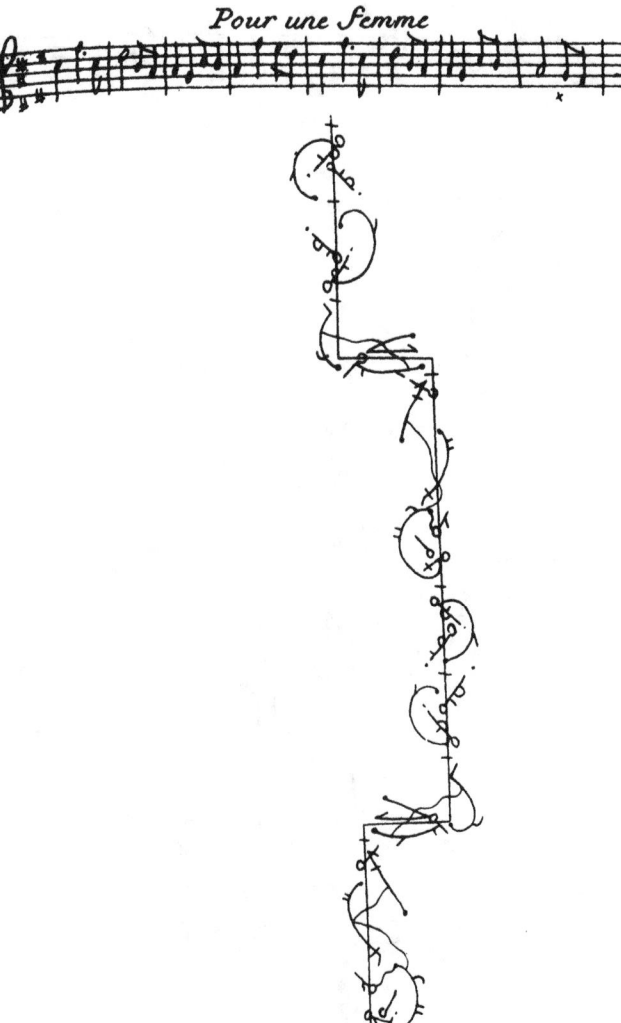

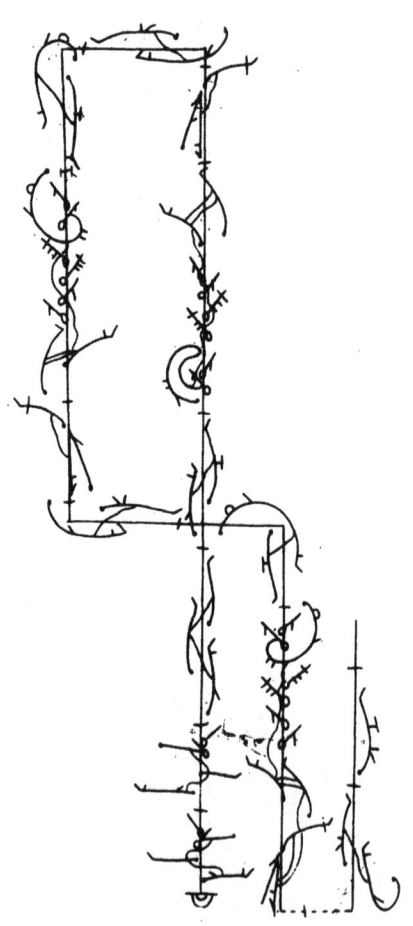

Pour une Femme.

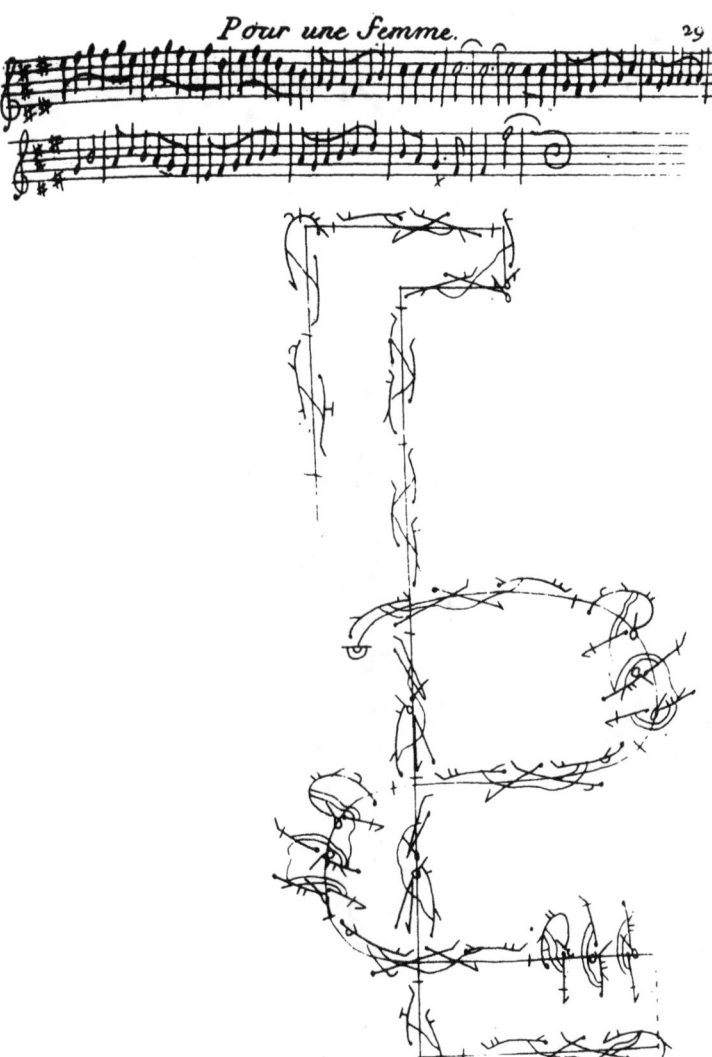

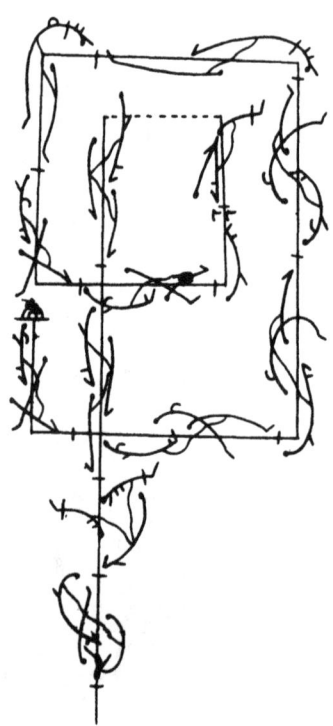

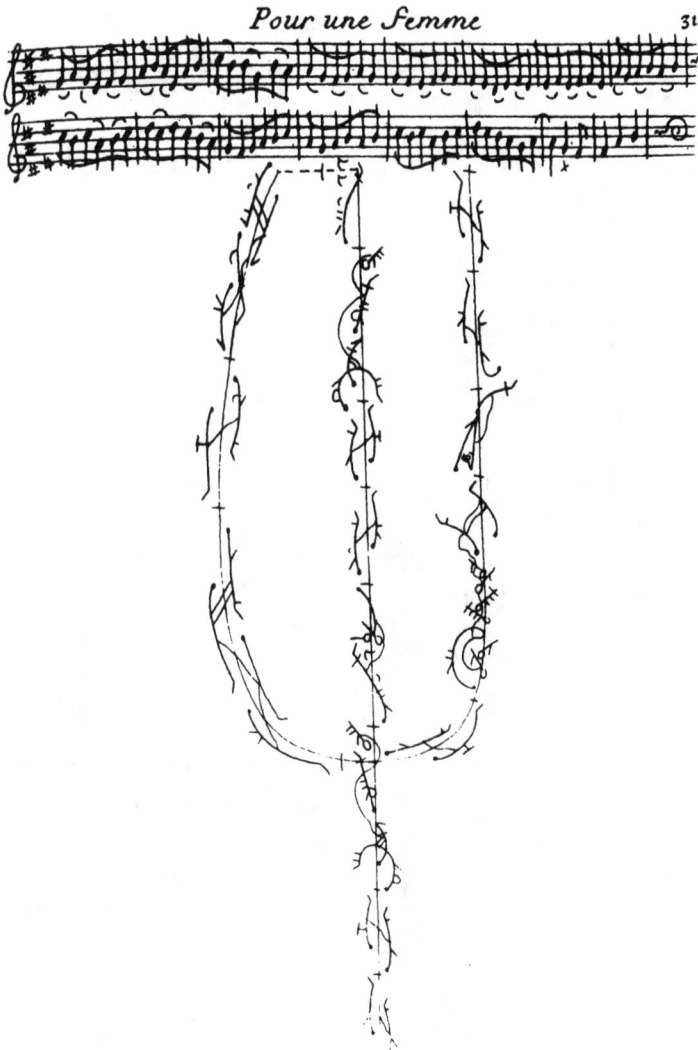

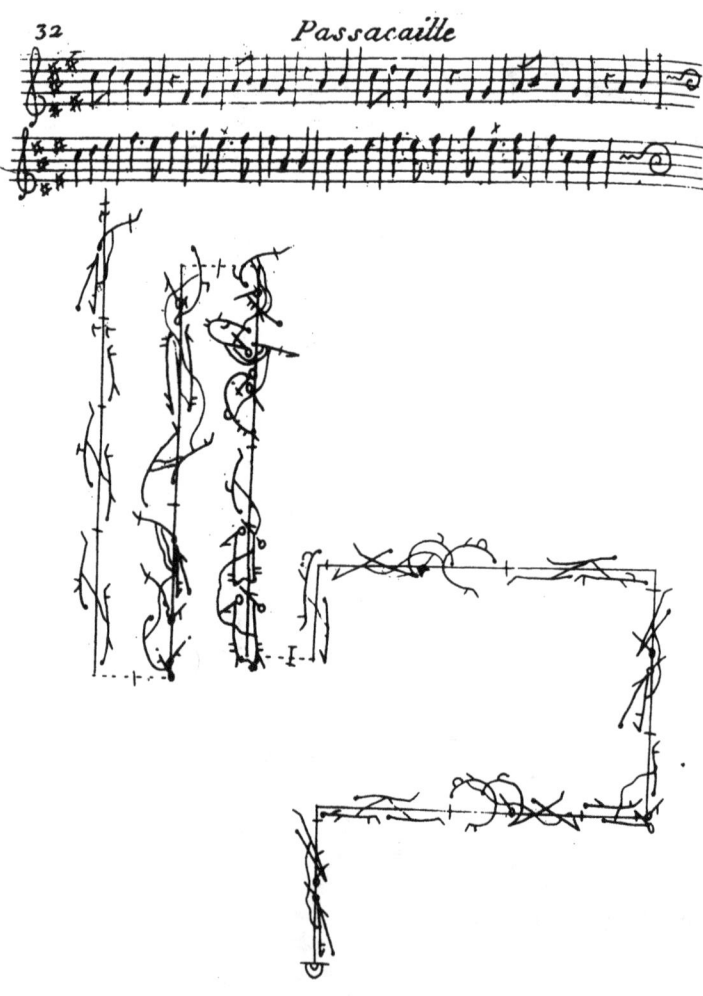

Pour une femme.

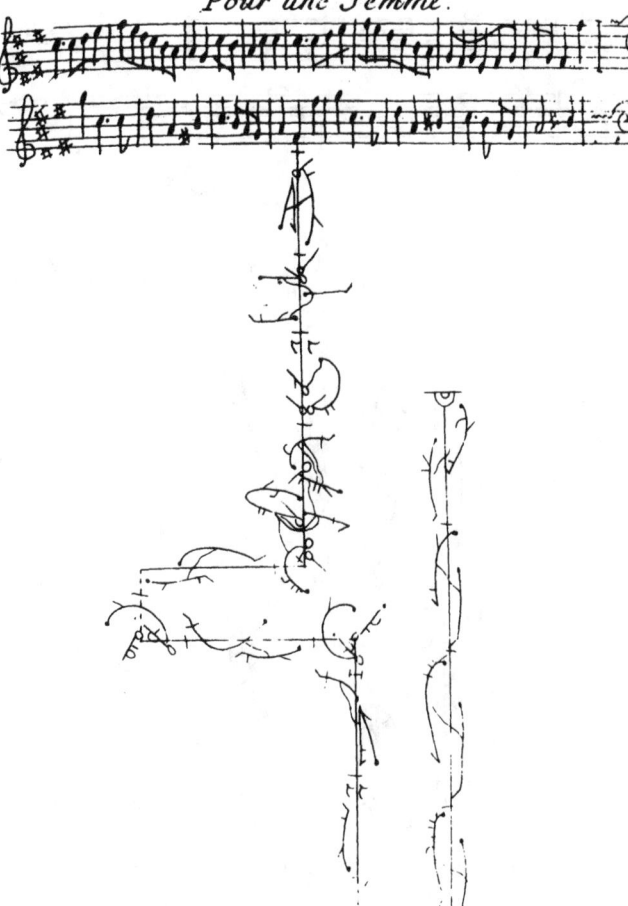

Pour une Femme

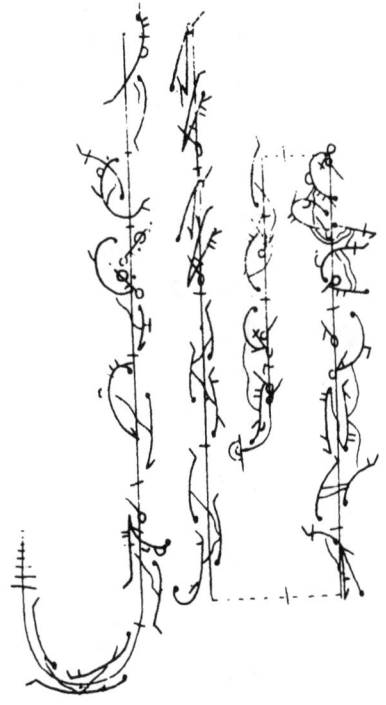

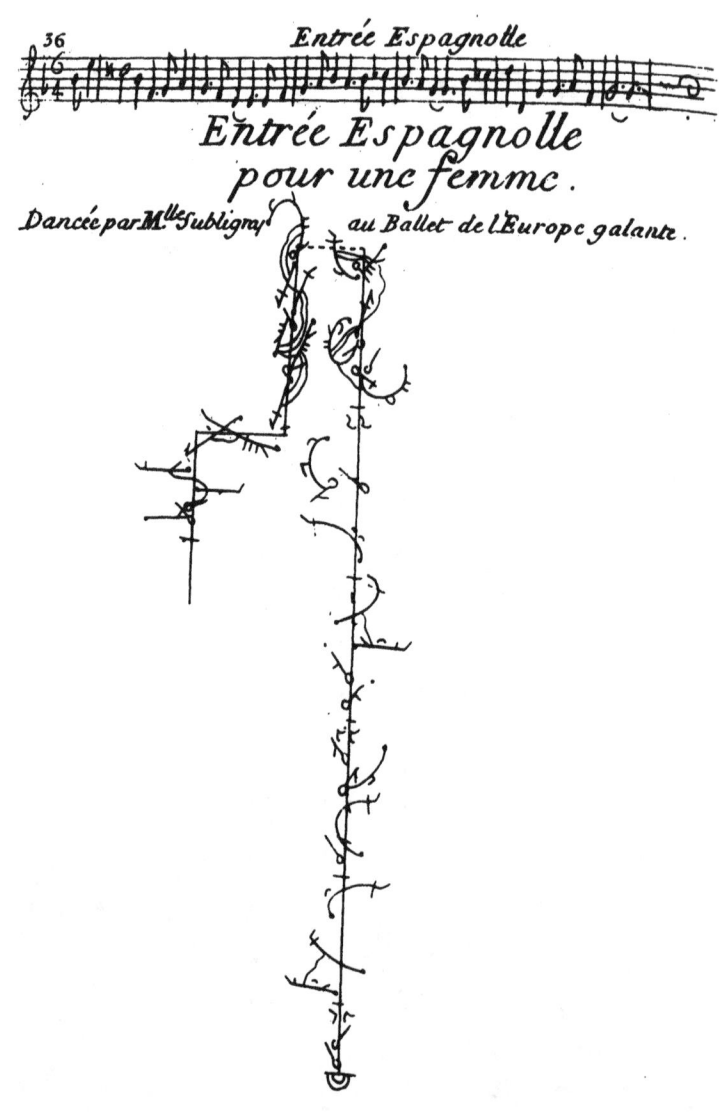

Pour une Femme.

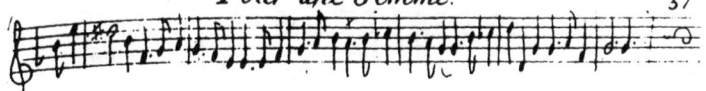

Entrée Espagnole

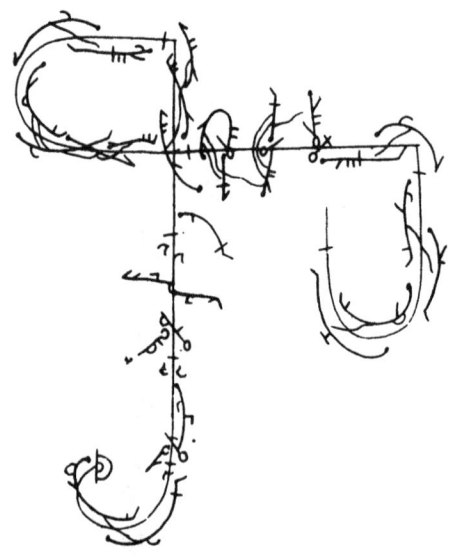

Pour une femme

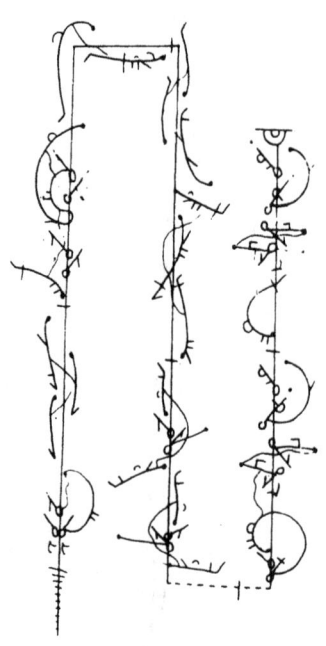

Gigue pour une Femme
Dancée par M.lle Subligny en Angleterre.

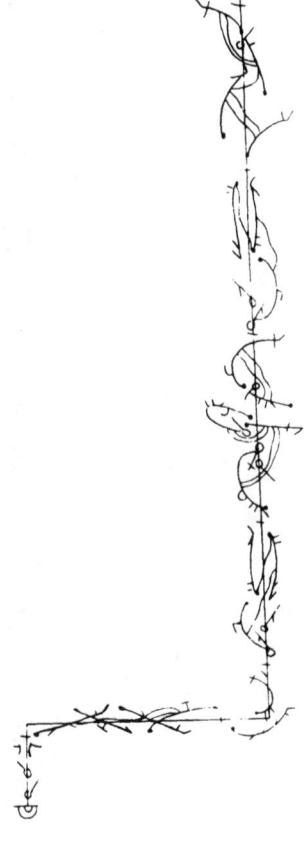

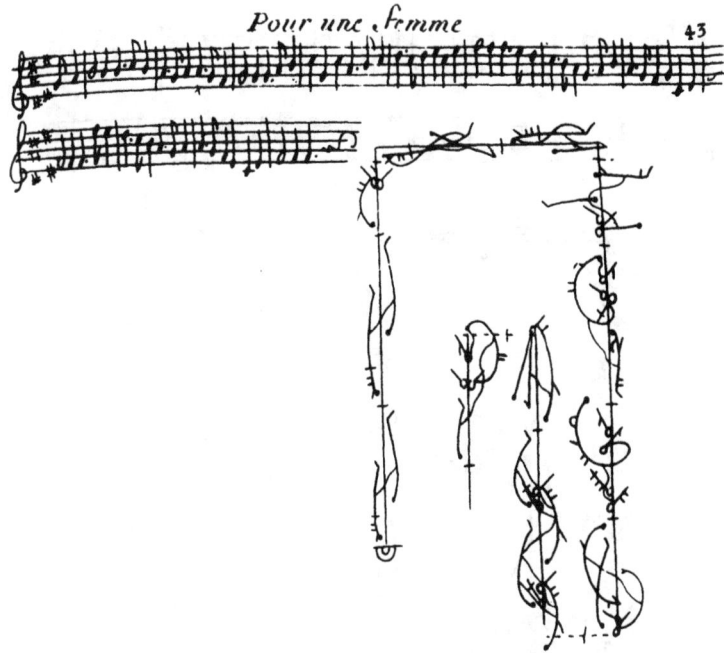

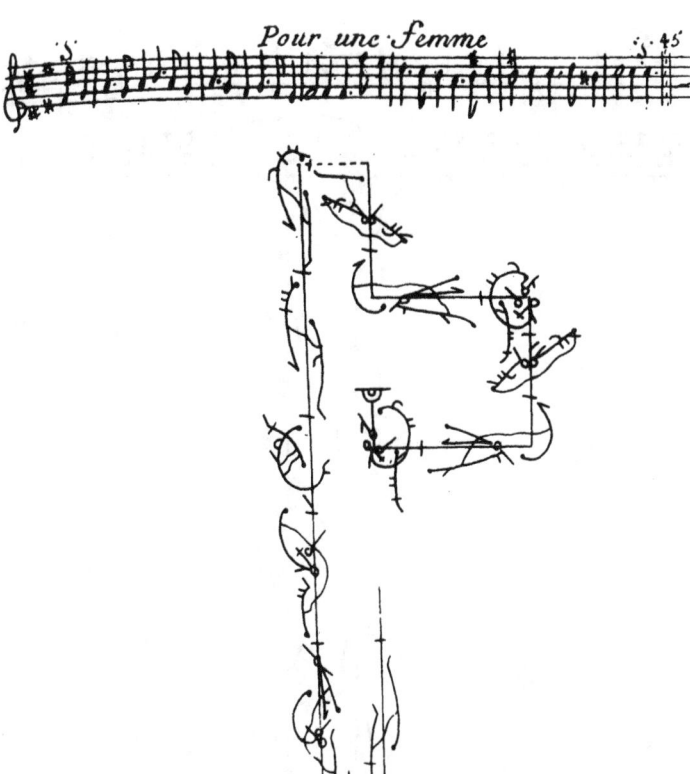

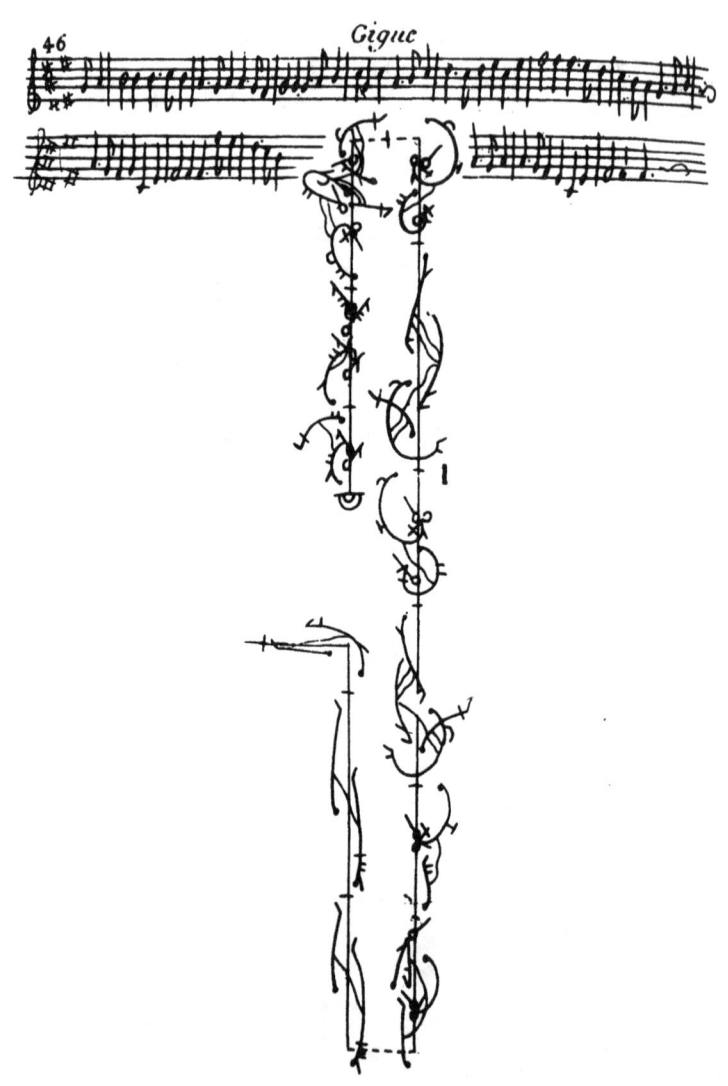

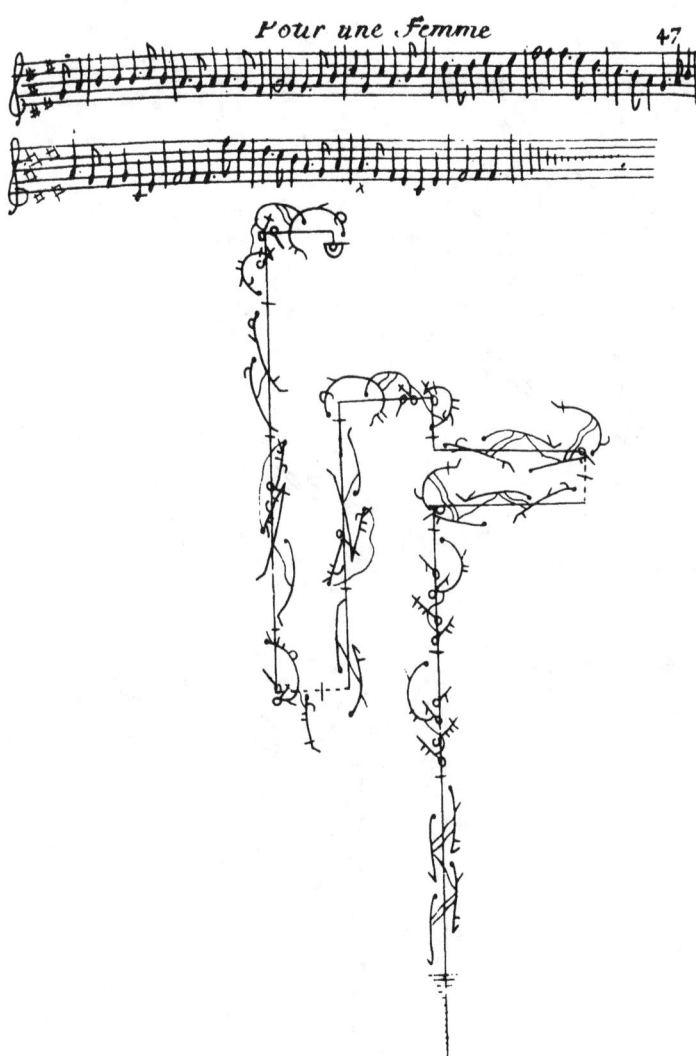

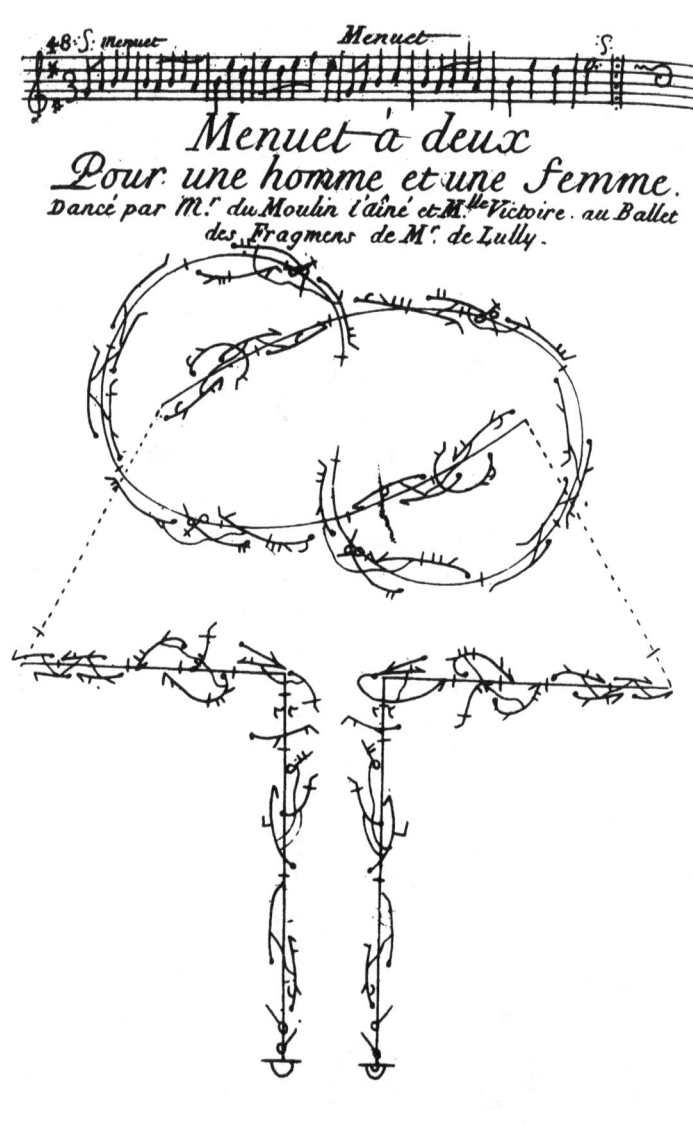

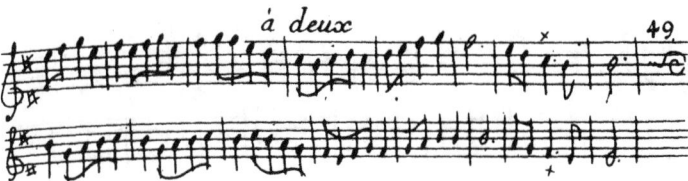

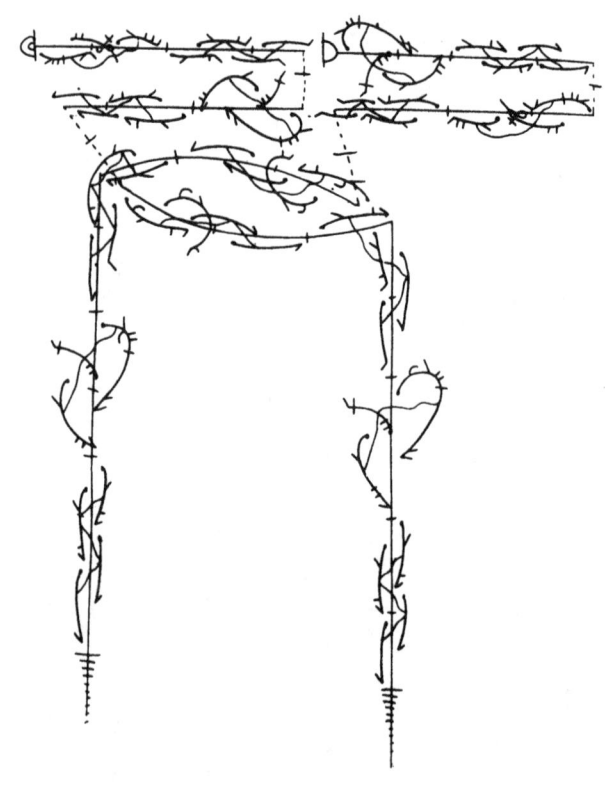

Forlane

Entrée pour deux femmes

Dancée par M.lle Victoire et M.lle Dangeville
au Ballet des Fragments de M.r de Lully.

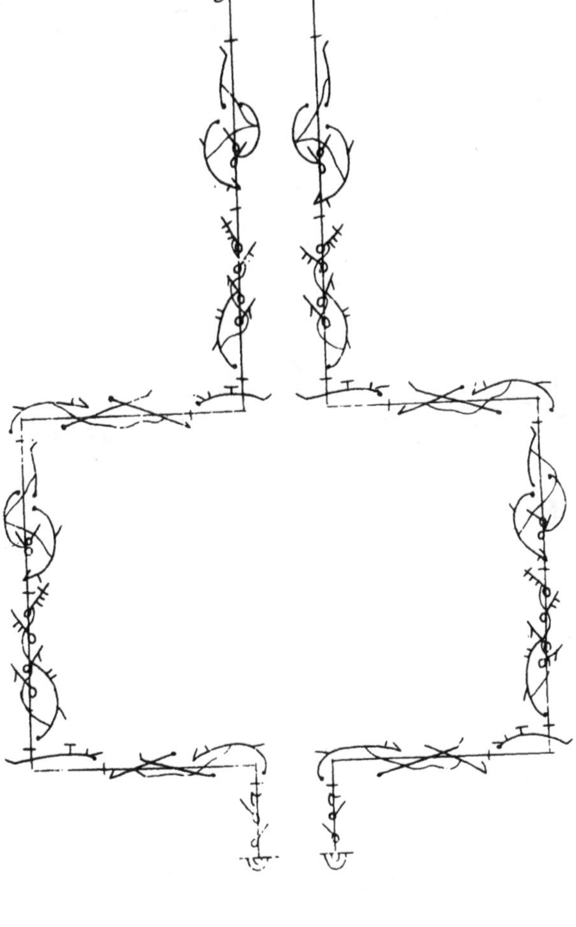

52 Entrée

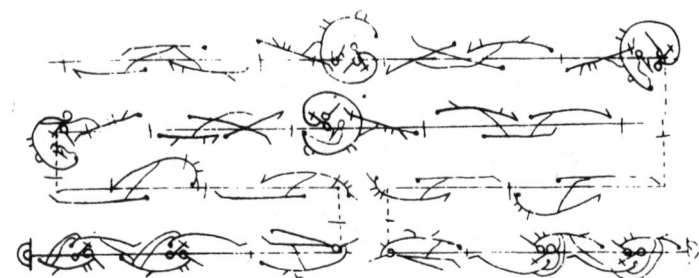

54 Entrée

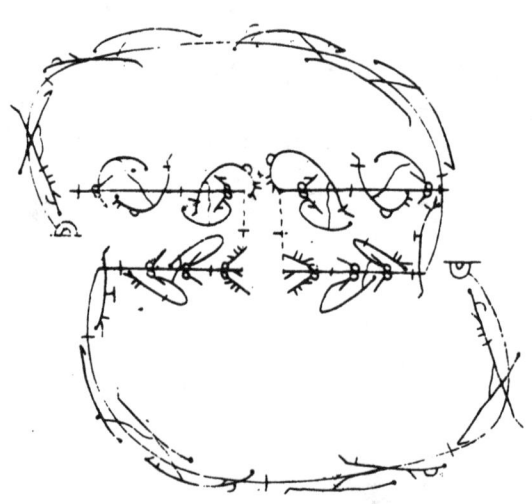

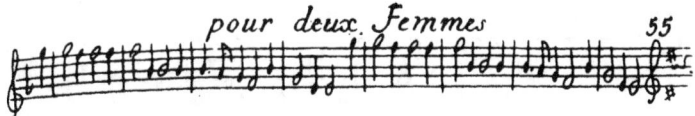

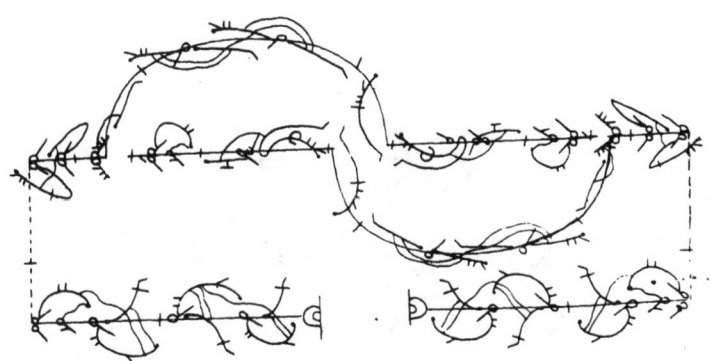

56   *Entrée*

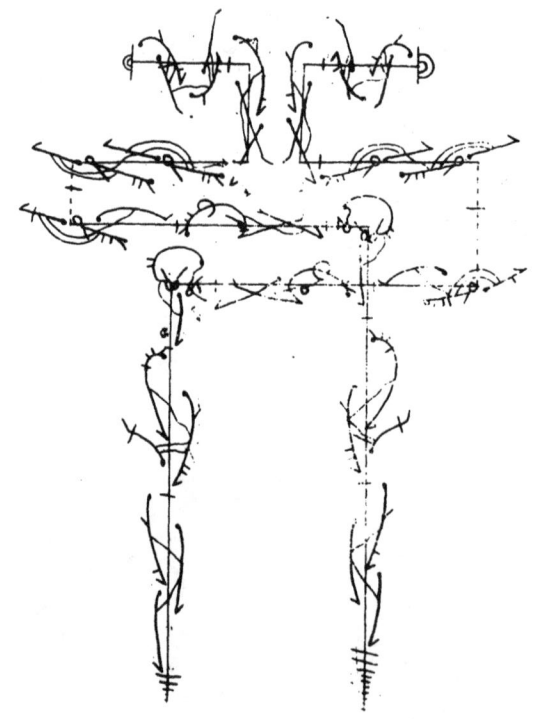

58 Entrée

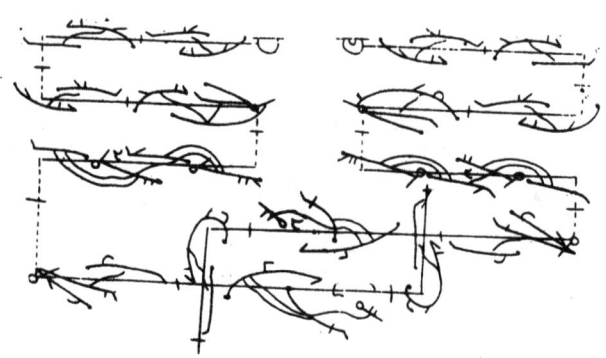

pour un homme et une femme .59

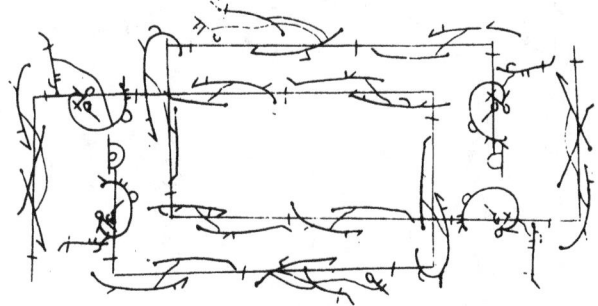

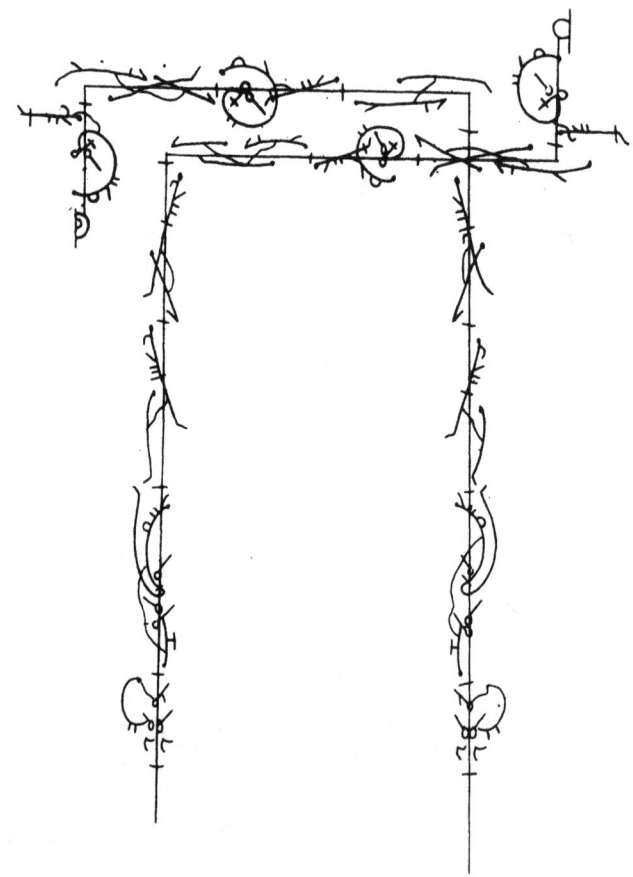

pour un homme et une femme

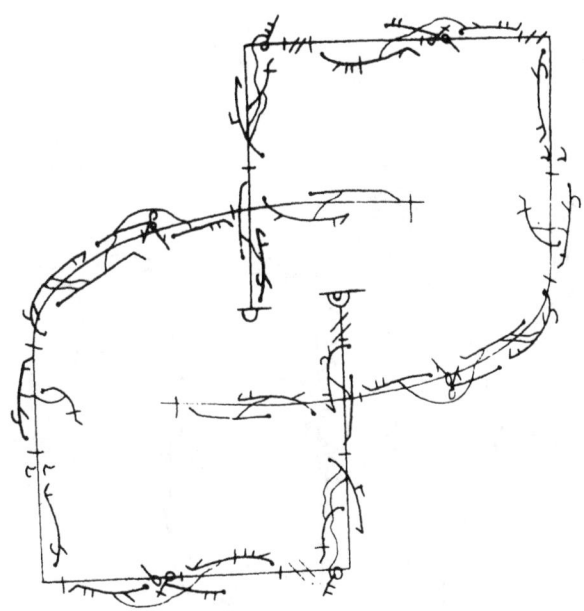

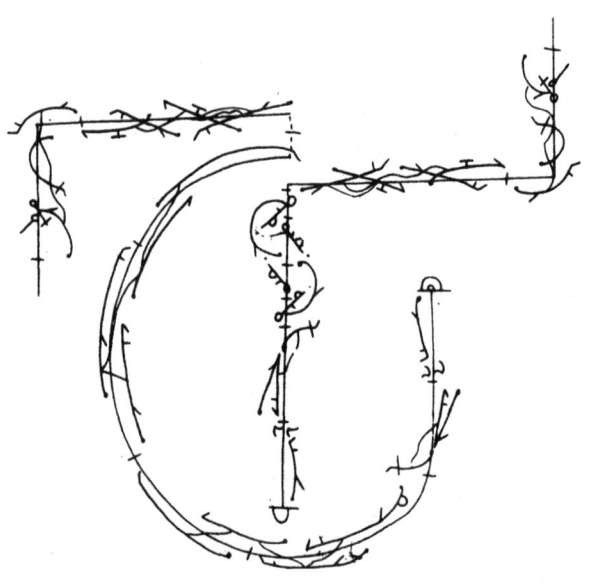

pour un homme et une femme

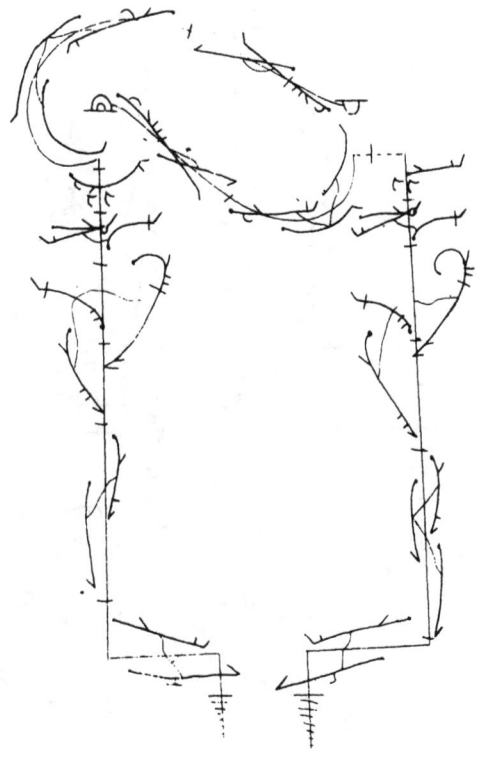

ENTRÉE
Pour un homme et une Femme
Dancée par Mr Balon et Mlle Subligny
à l'Opéra de Thézée.

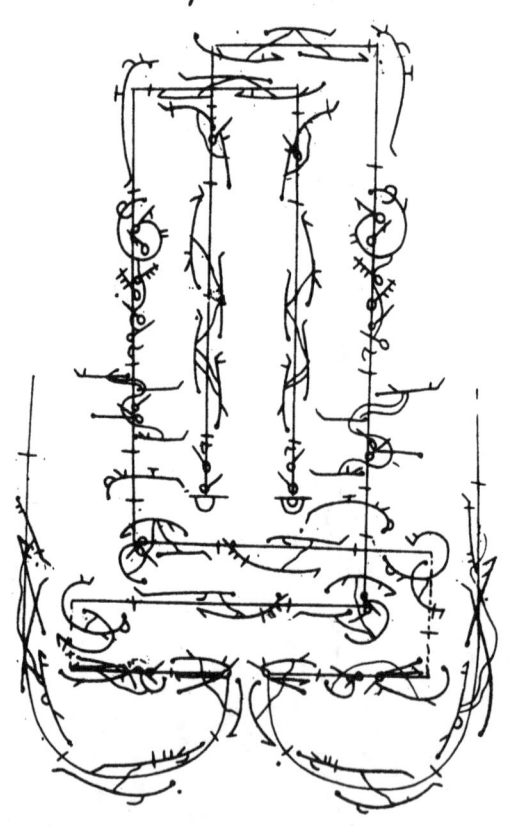

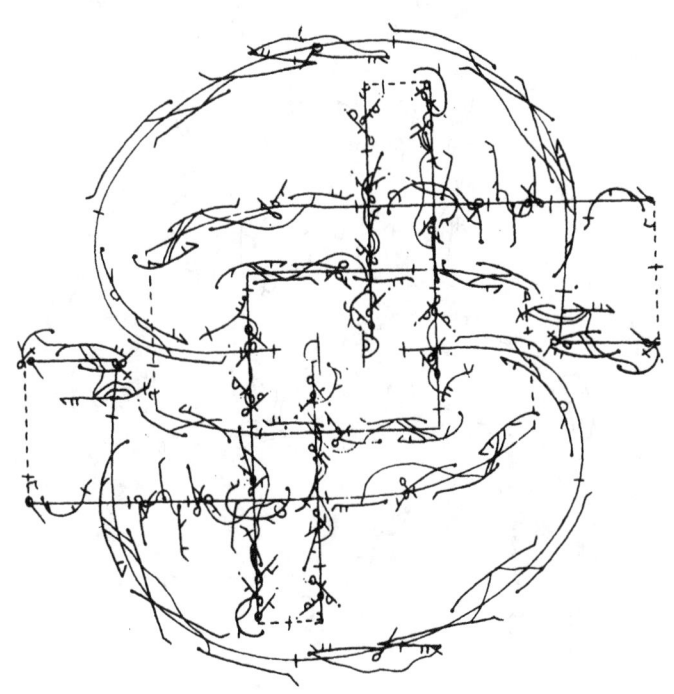

Entrée

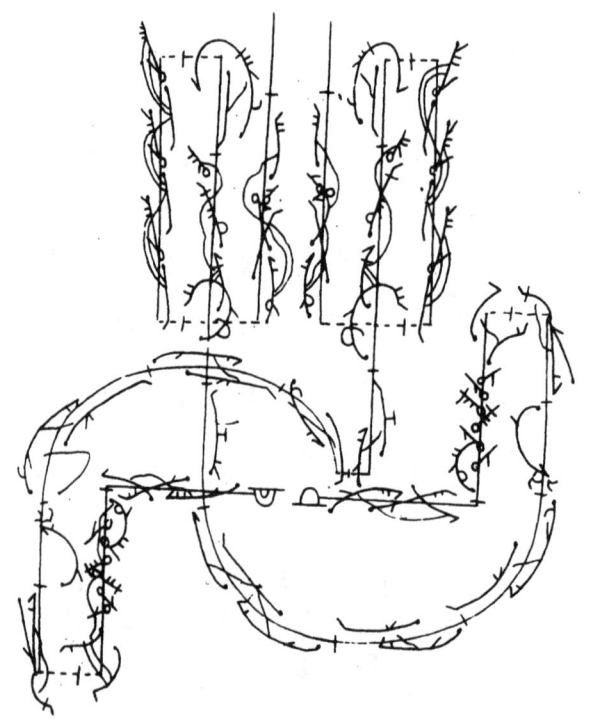

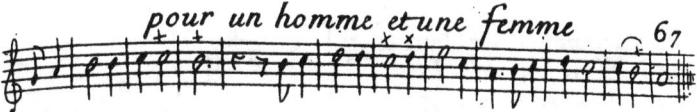

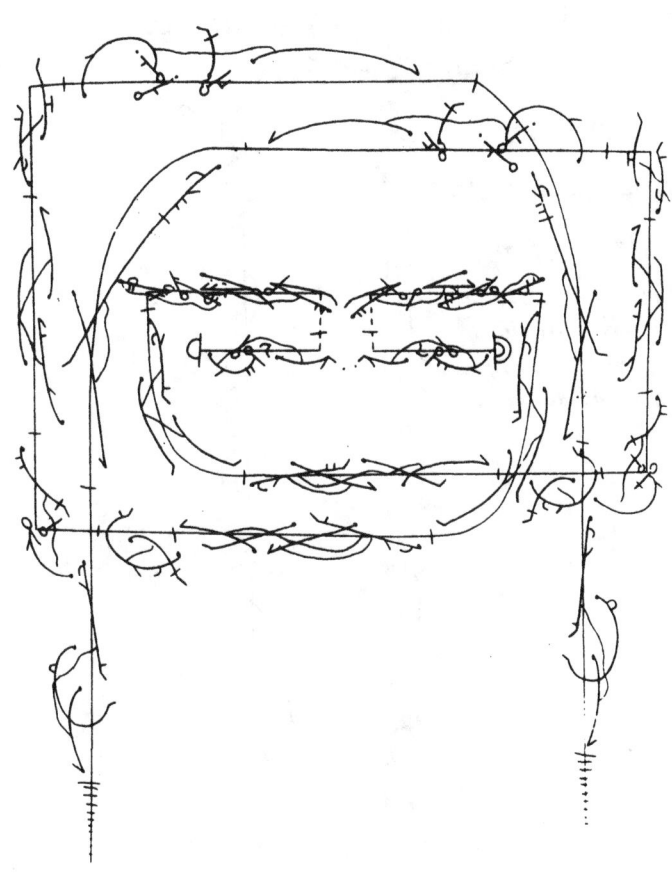

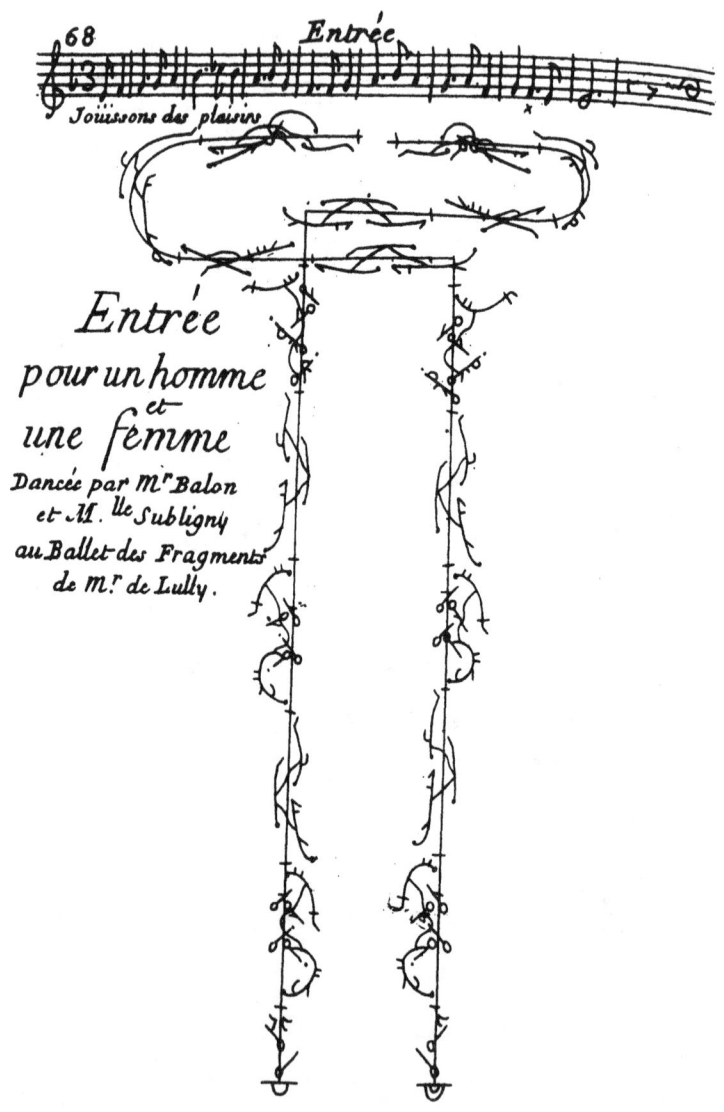

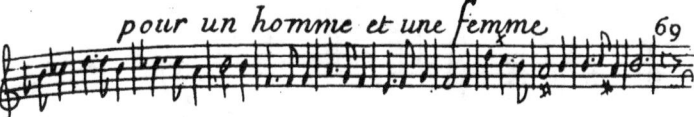

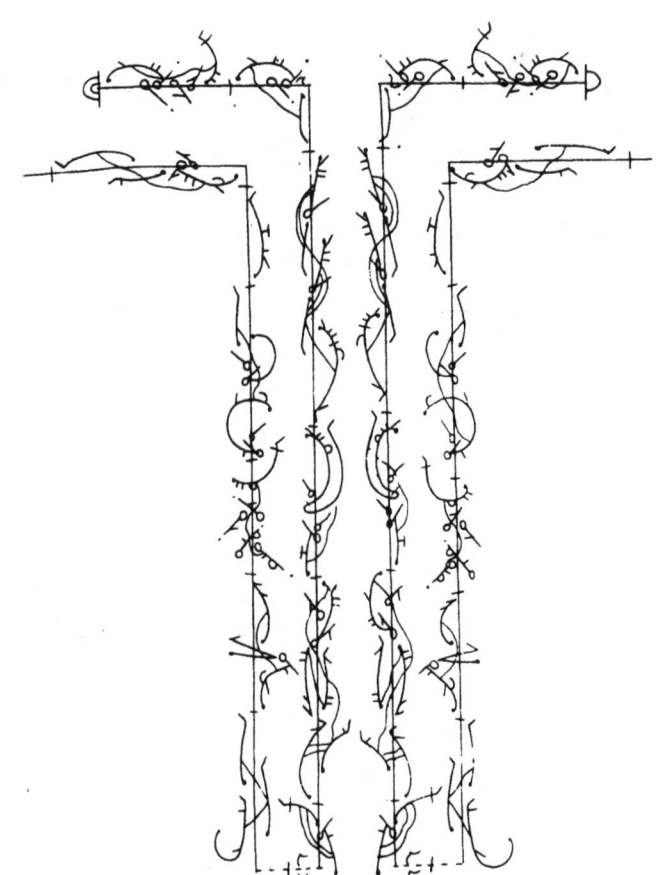

70 **Entrée**

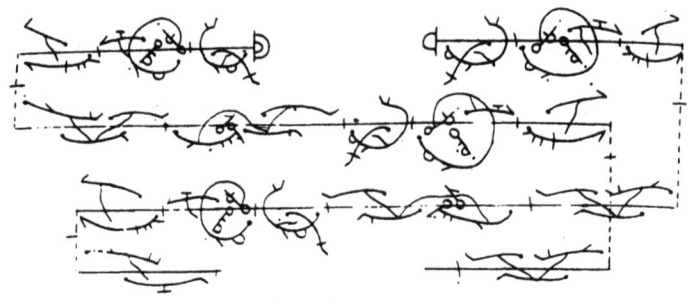

pour un homme et une femme

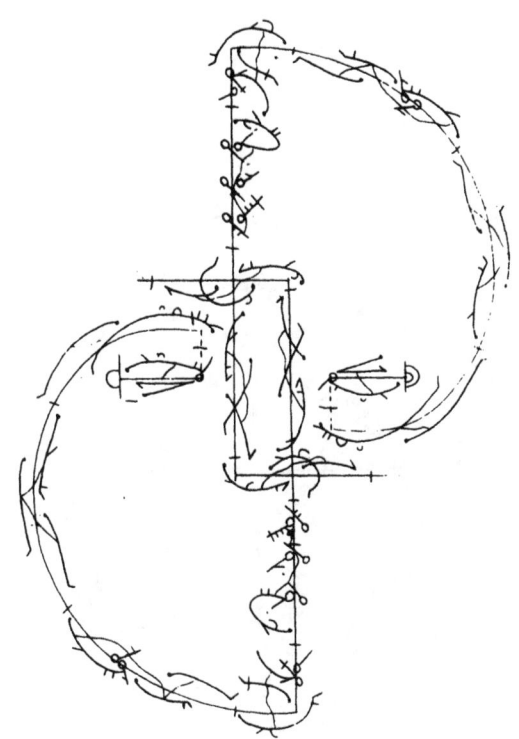

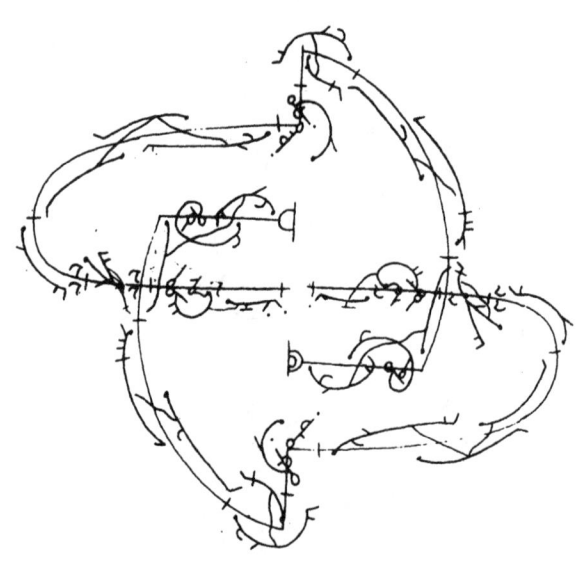

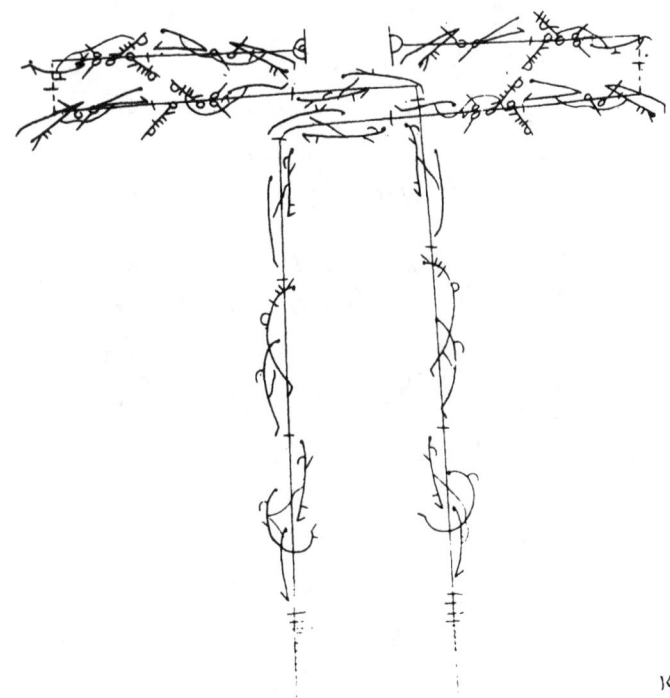

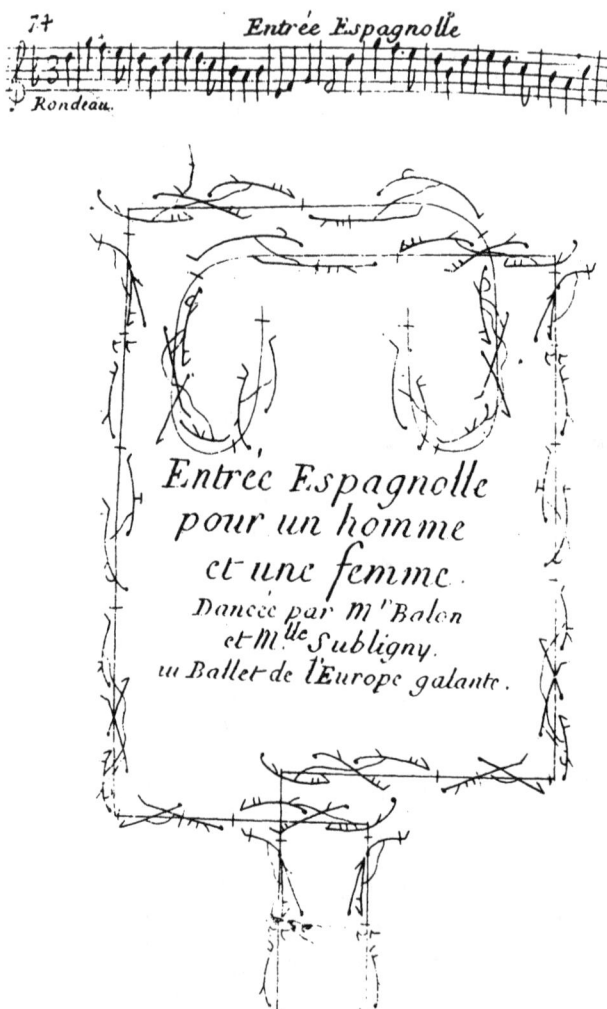

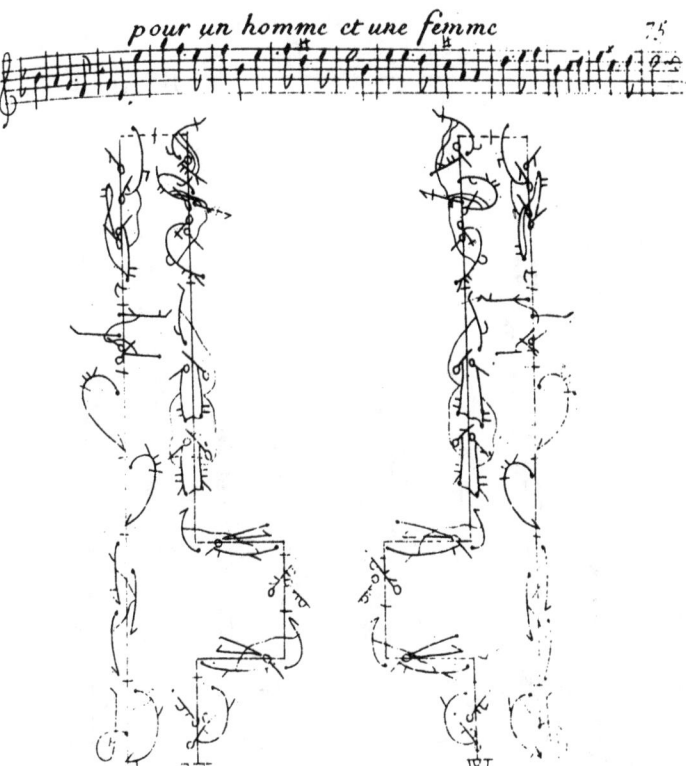

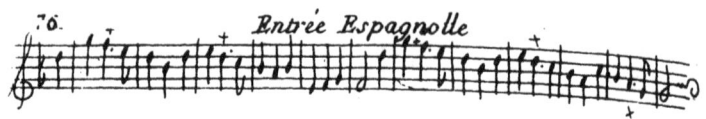

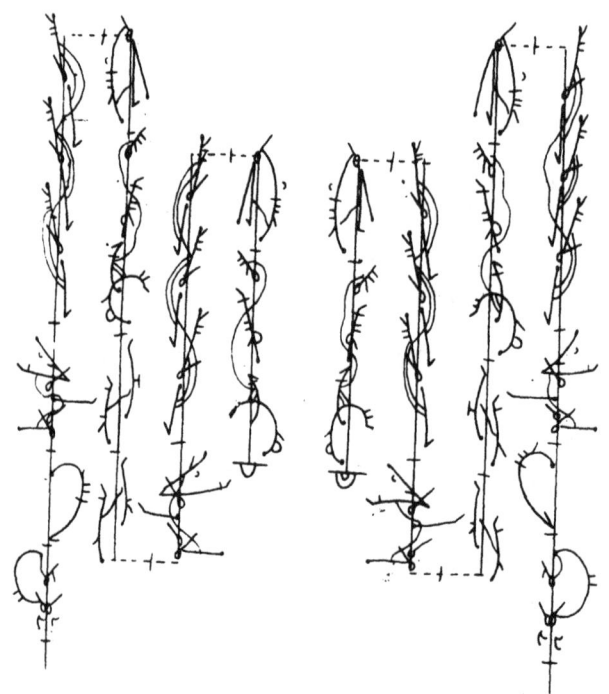

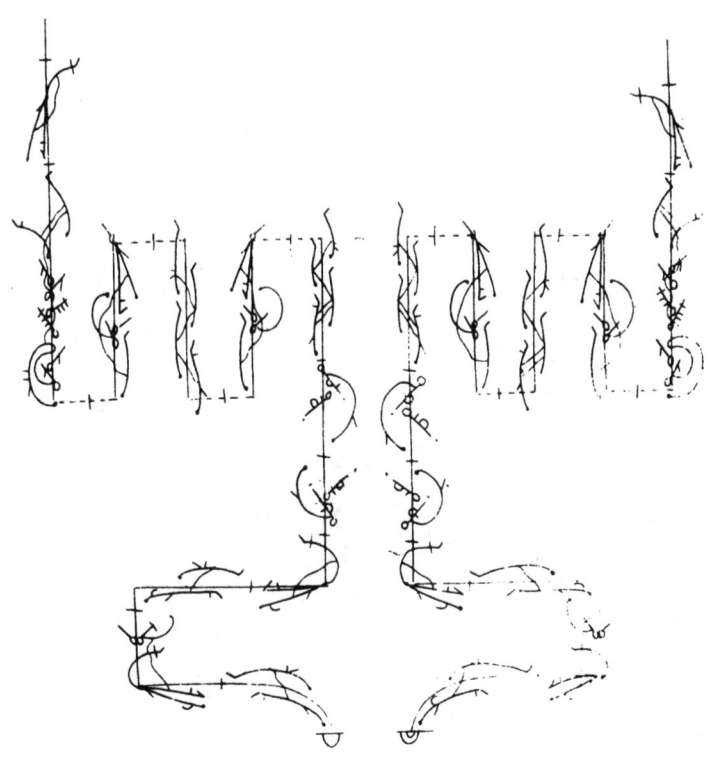

78. Entrée Espagnolle

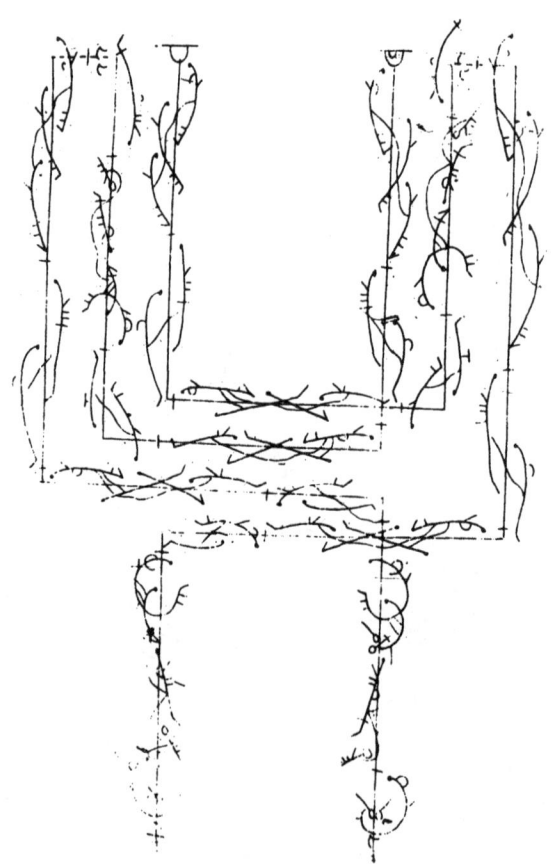

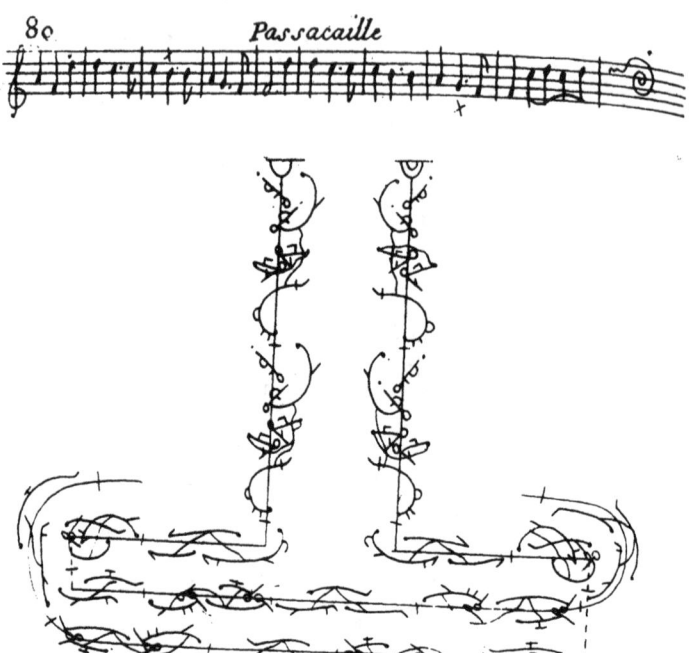

pour un homme et une femme. 81

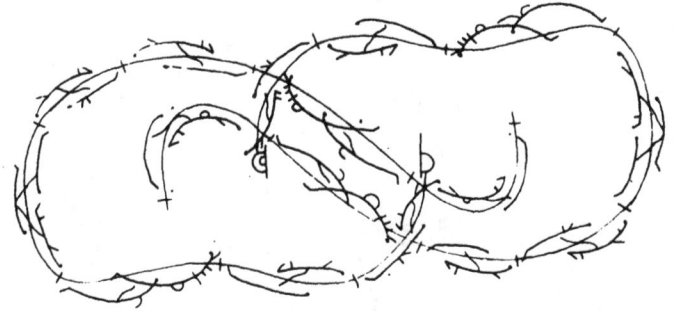

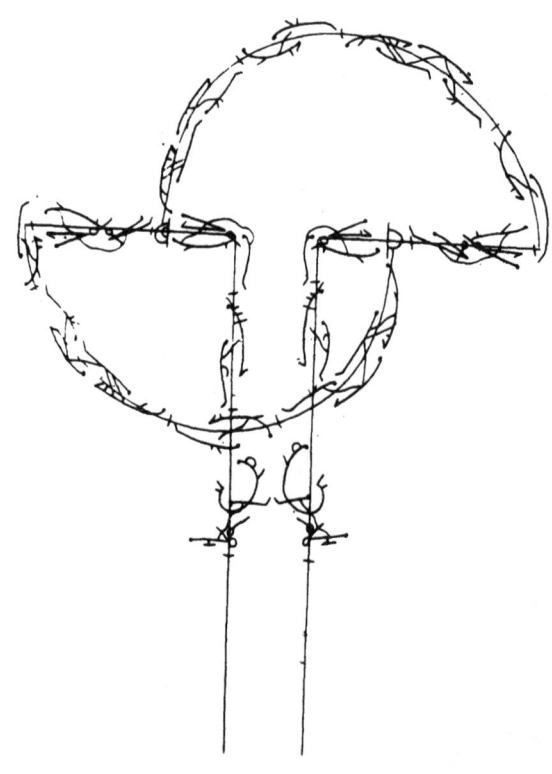

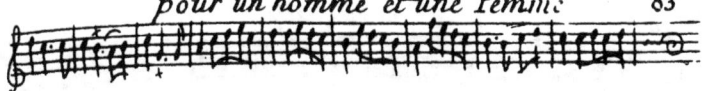

pour un homme et une femme

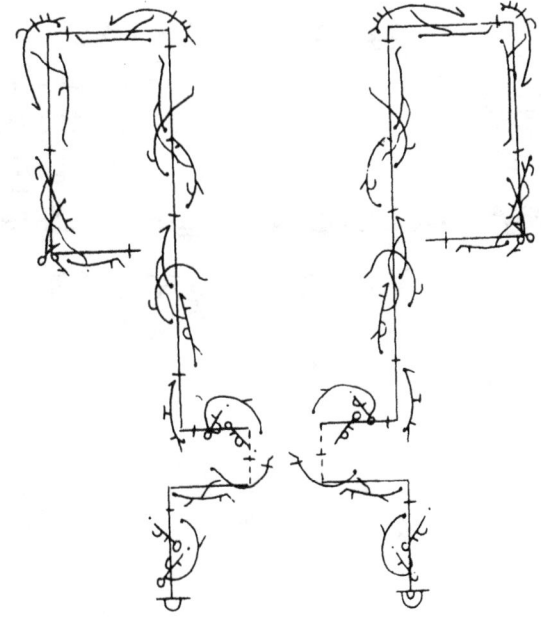

84 Passacaille

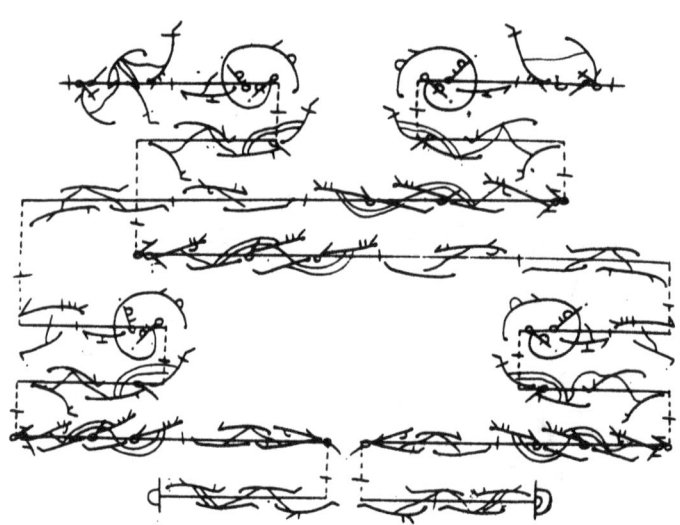

pour un homme et une femme ·85

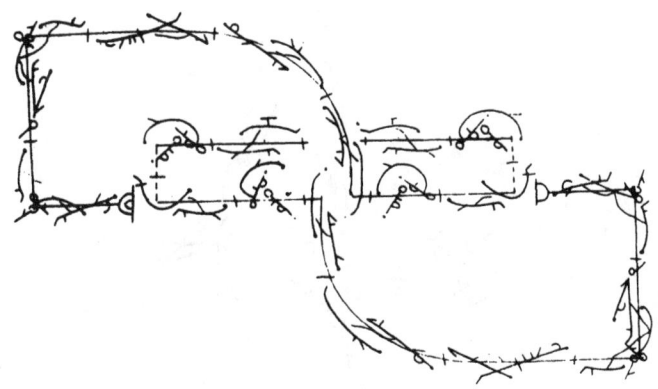

pour un homme et une femme 87

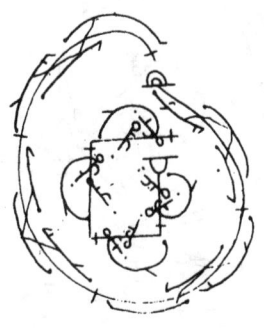

Passacaille

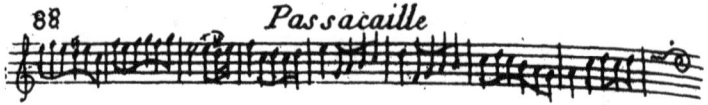

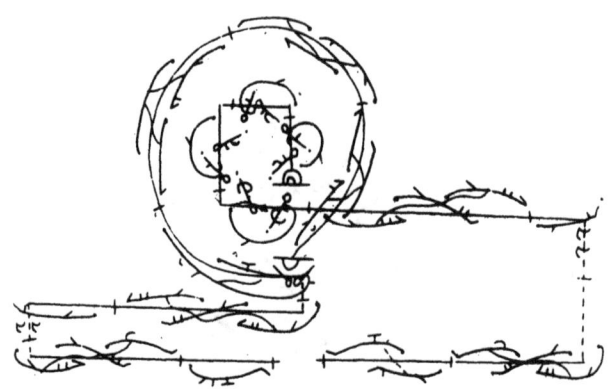

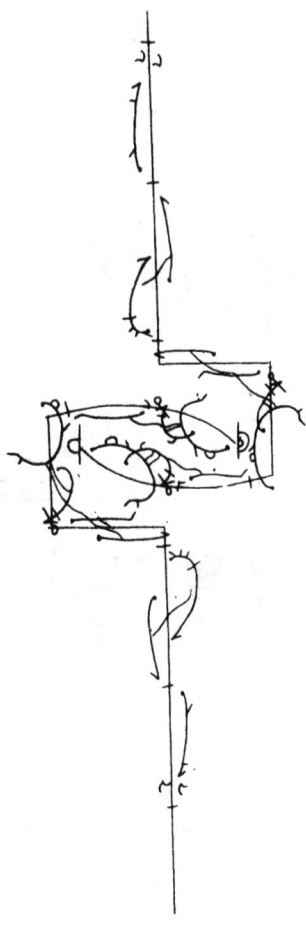

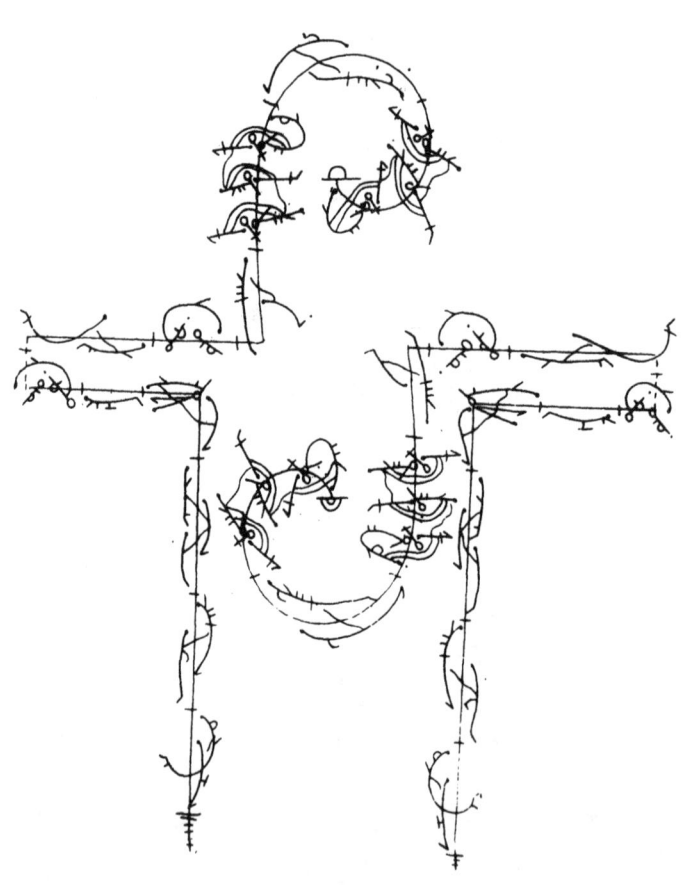

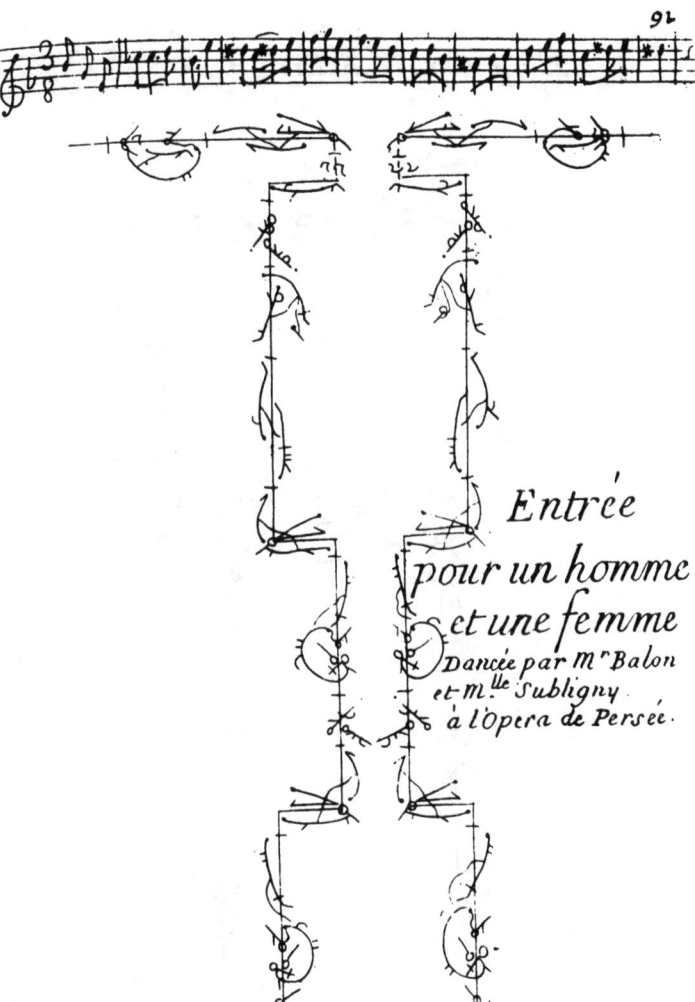

Entrée pour un homme et une femme Dancée par M.r Balon et M.lle Subligny à l'Opera de Persée.

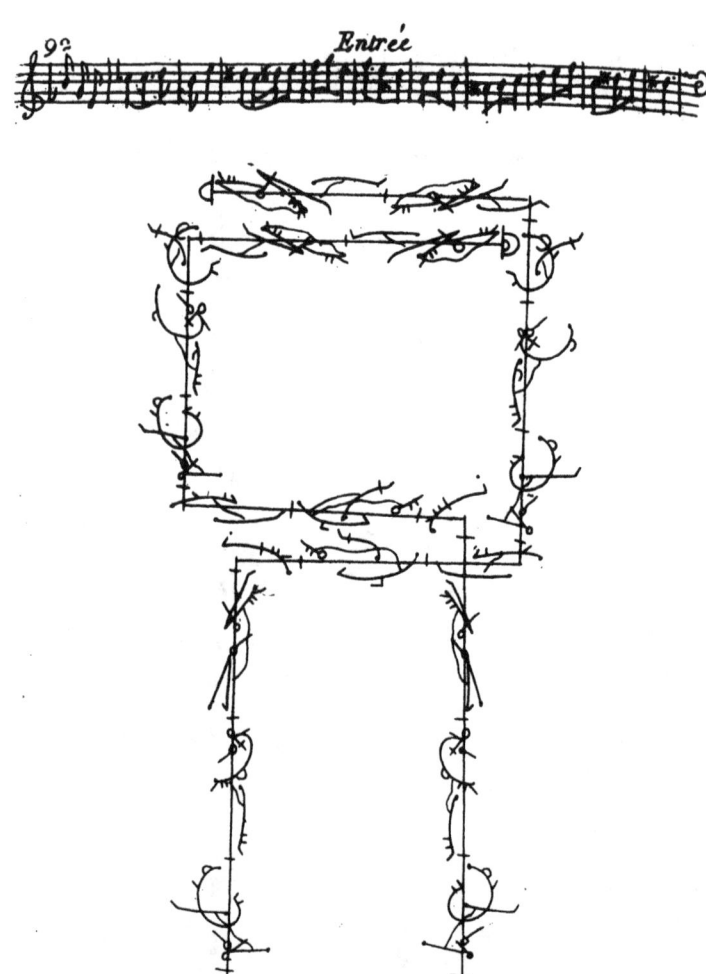

pour un homme et une femme

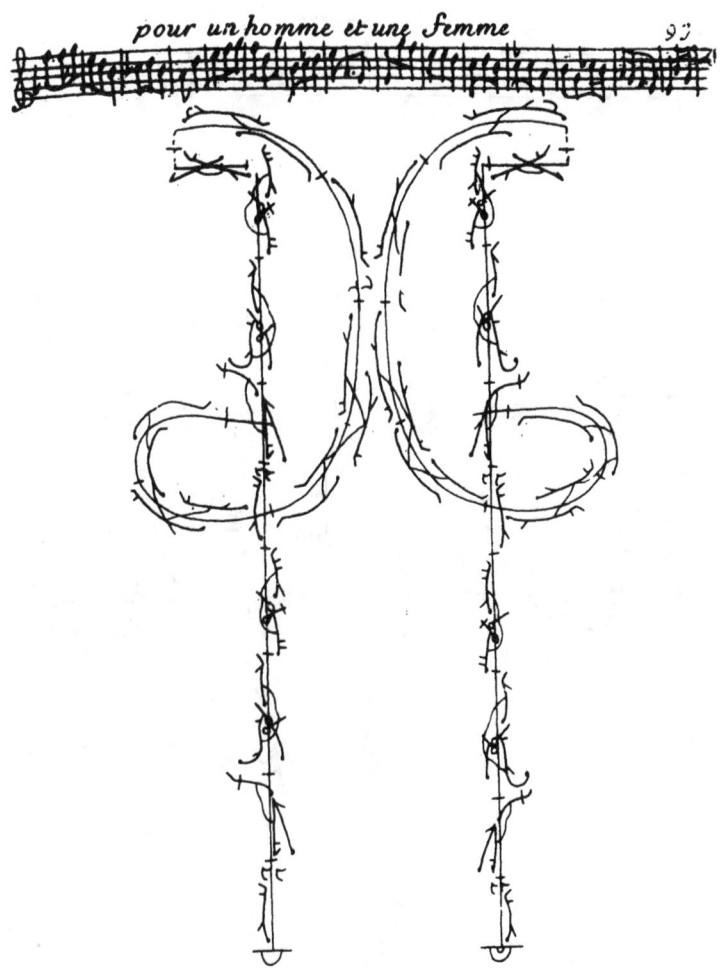

Entrée

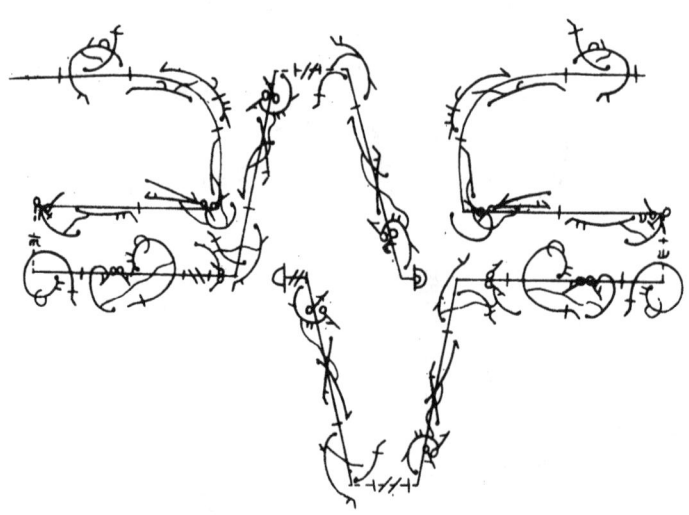

pour un homme et une femme

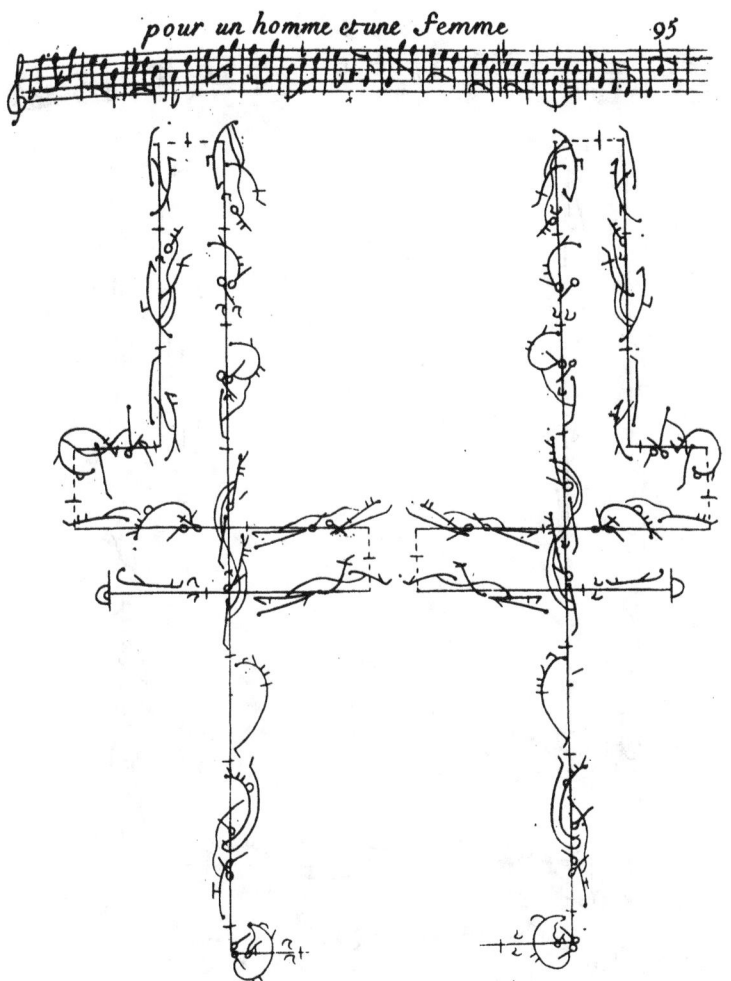

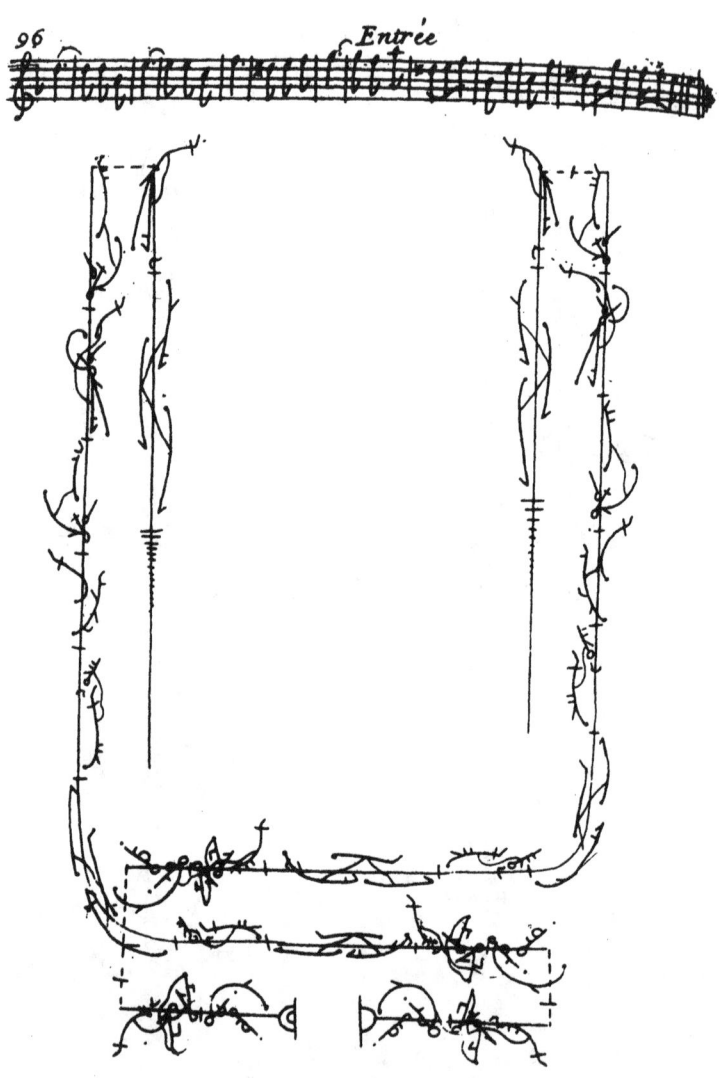

Bourée

2.e Entrée de Percée.
Dancée par les mêmes

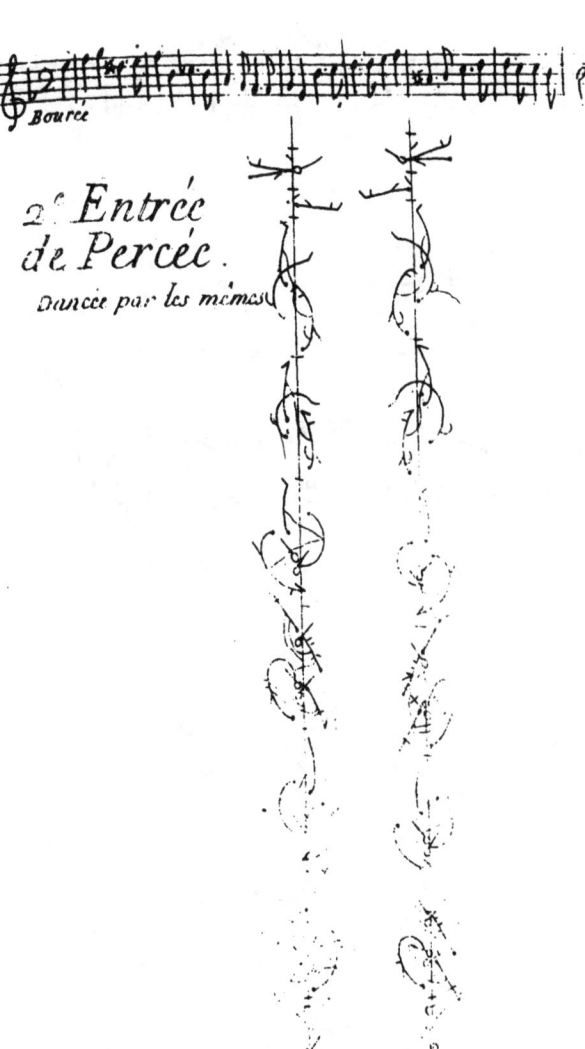

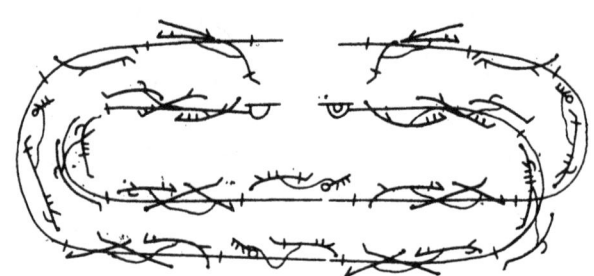

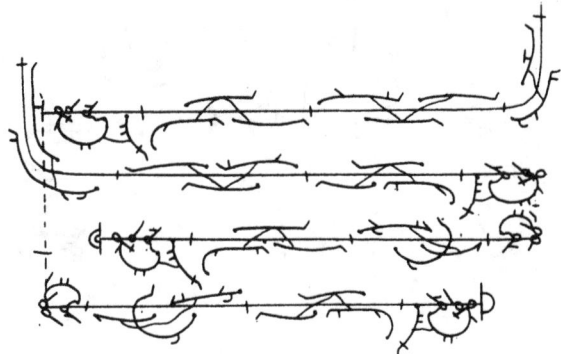

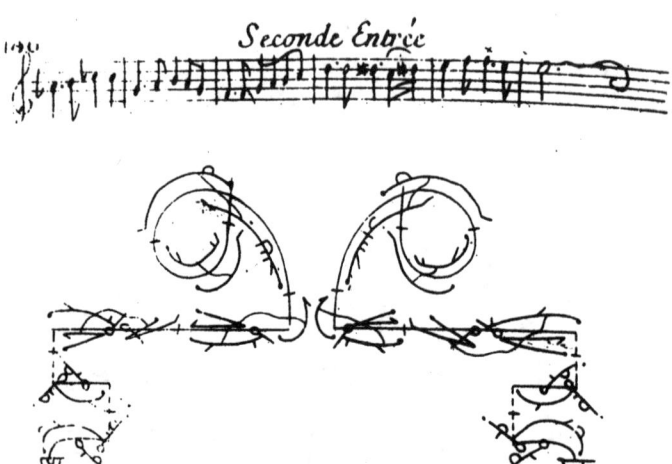

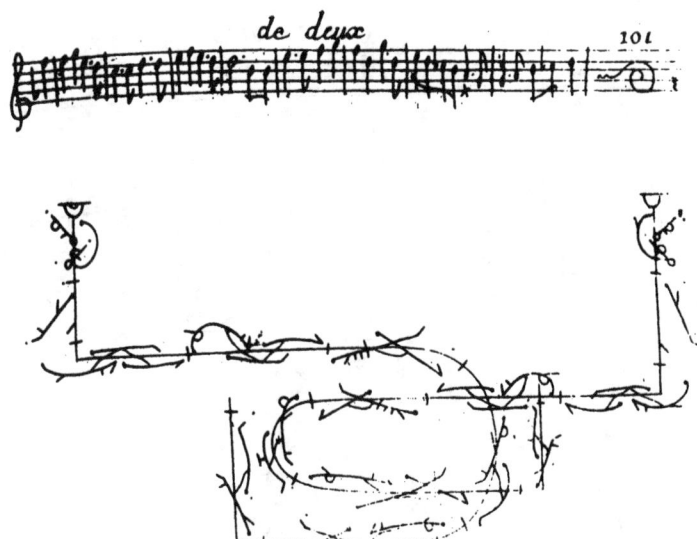

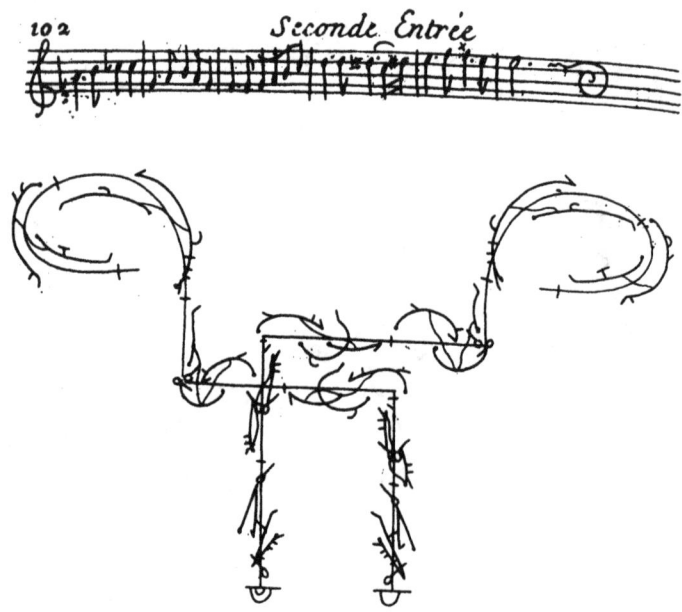

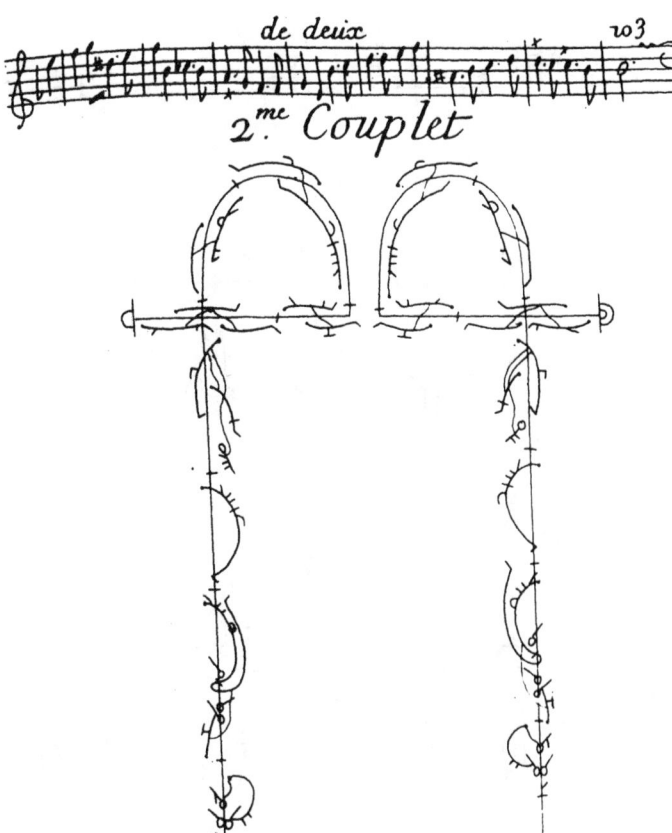

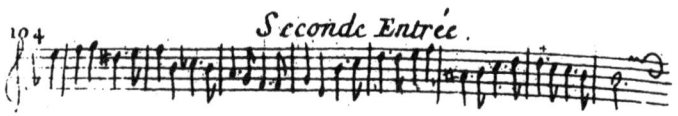

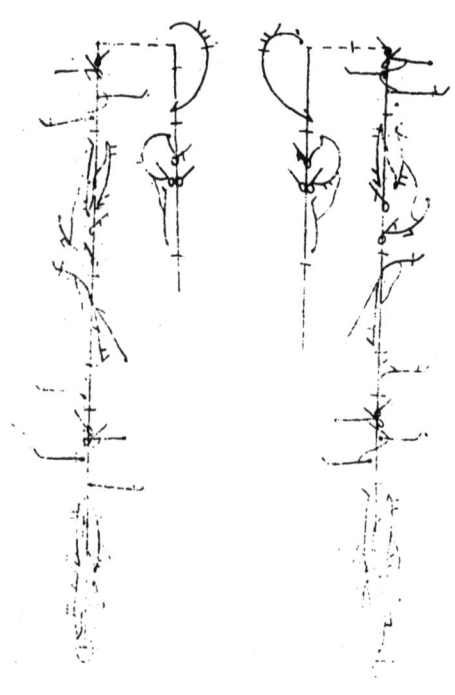

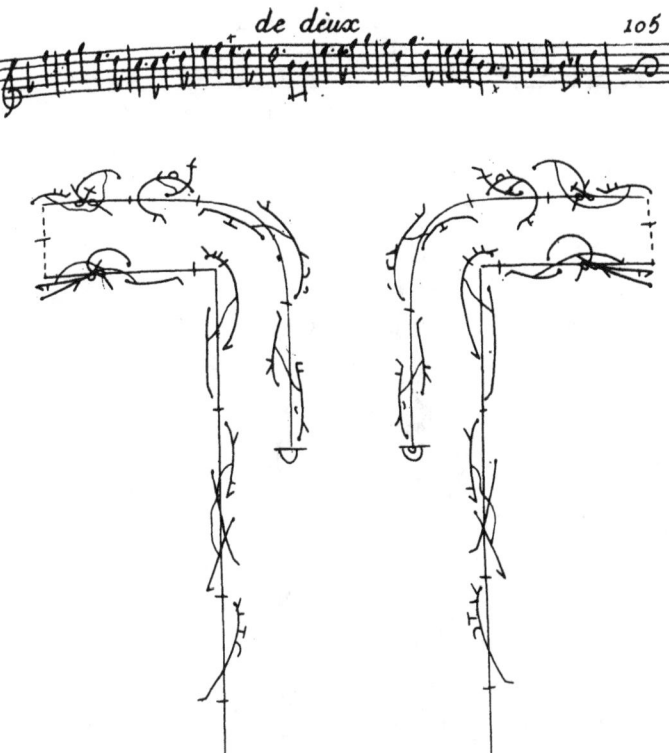

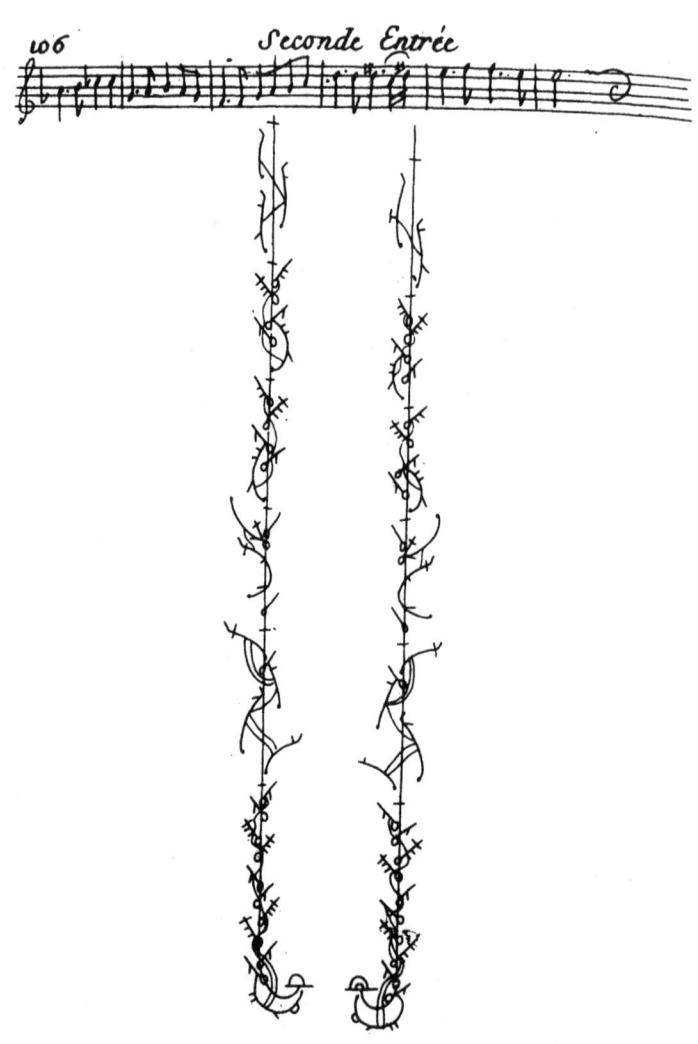

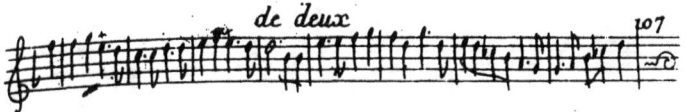

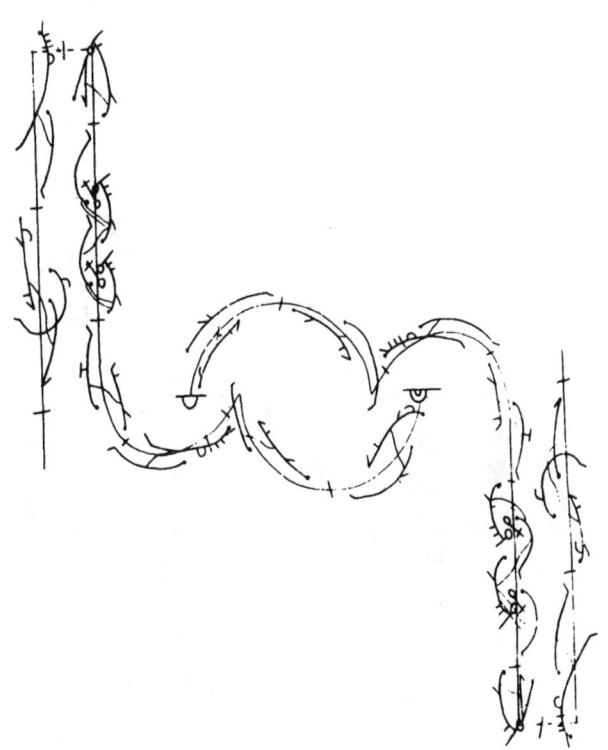

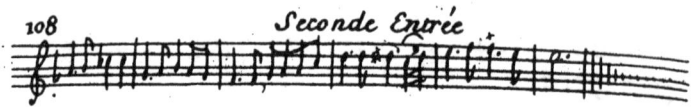

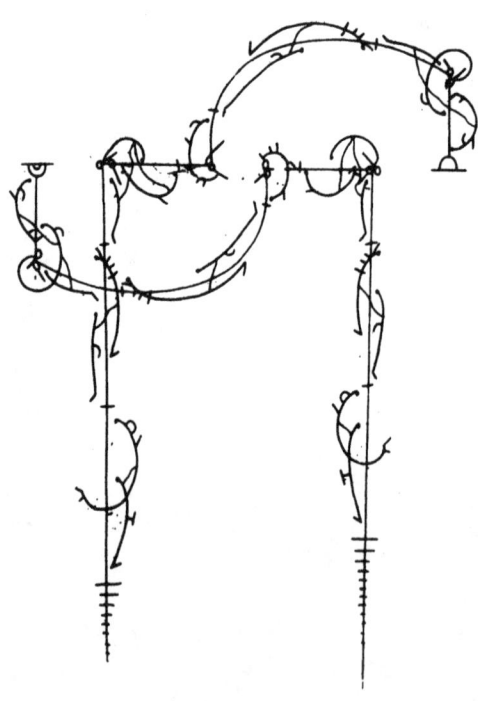

Entrée a deux

Dancée par Mr Dumirail et Mlle Victoire à l'Opera d'Hesionne.

Gigue lente

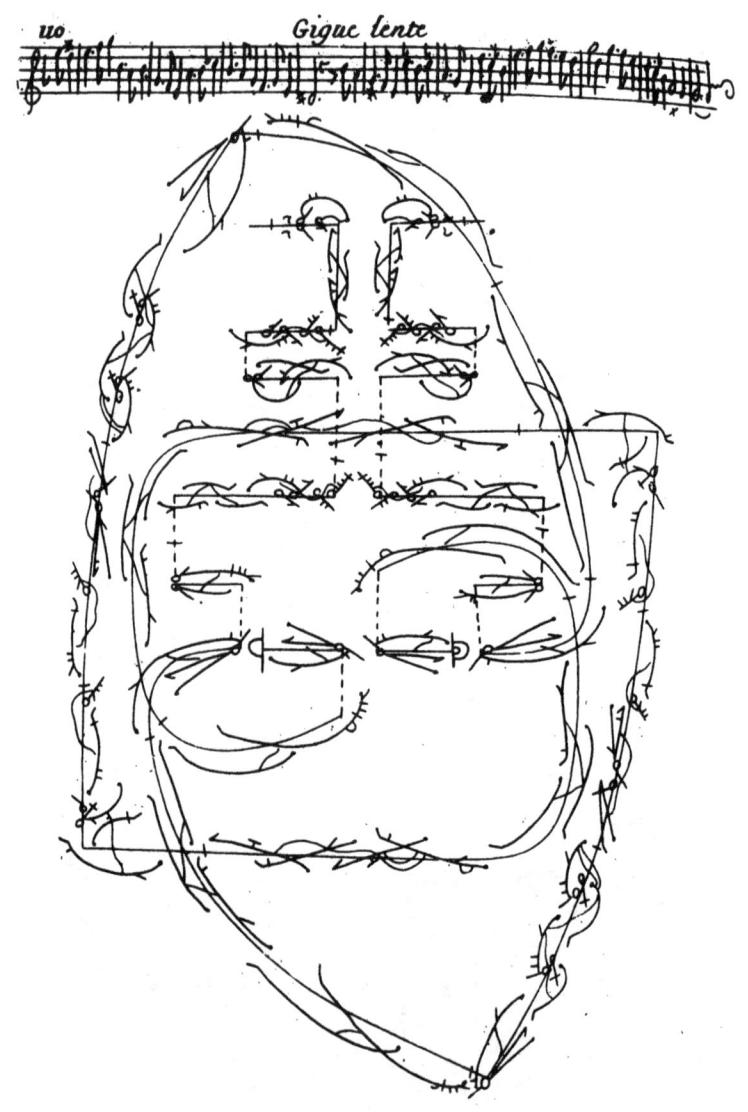

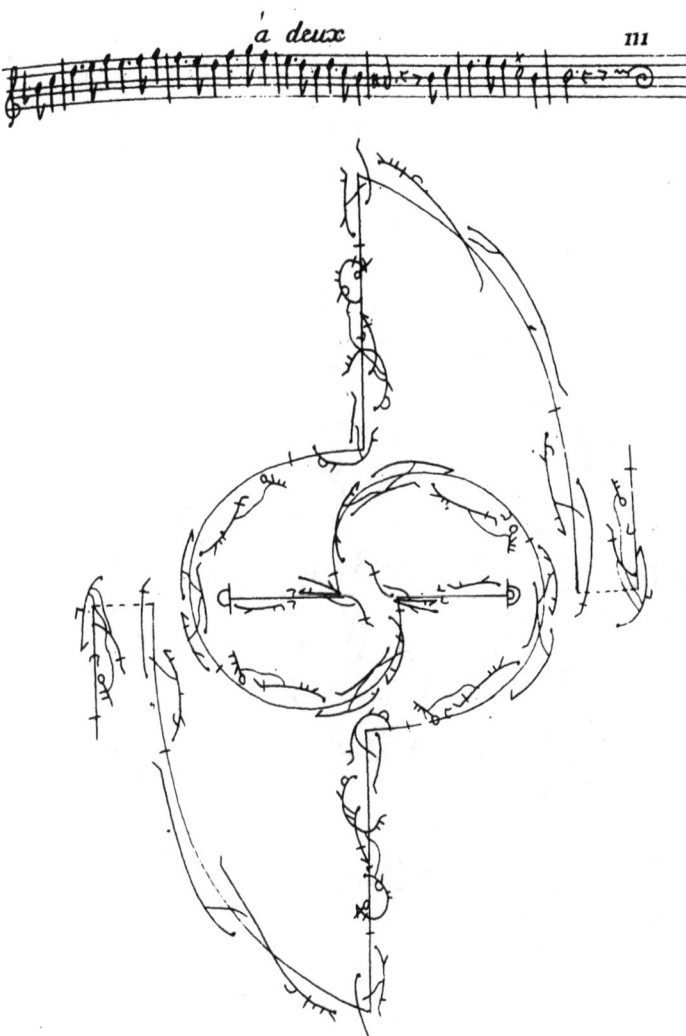

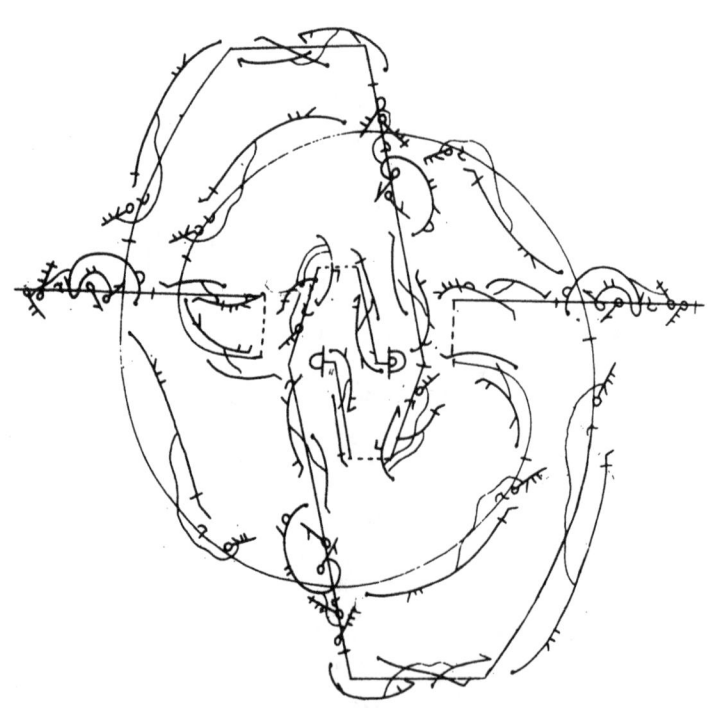

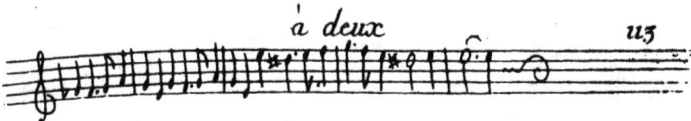

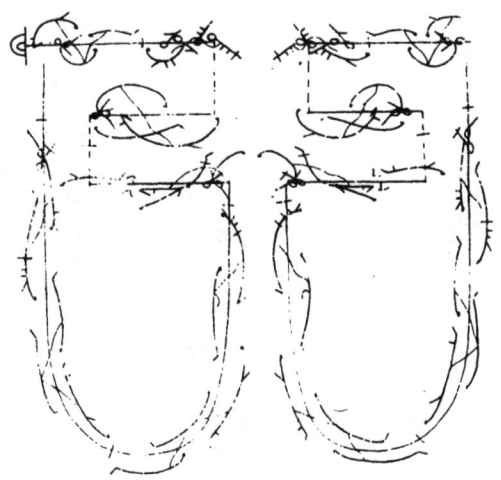

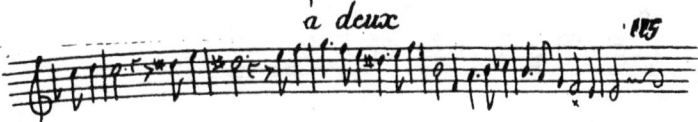

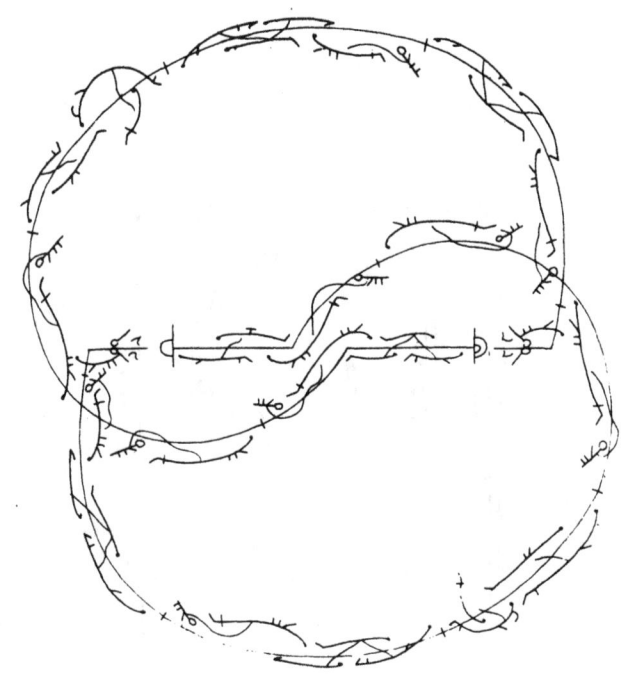

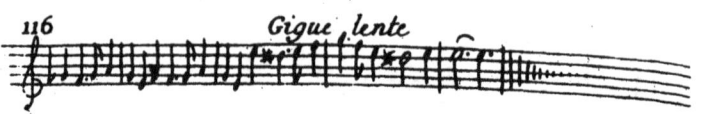

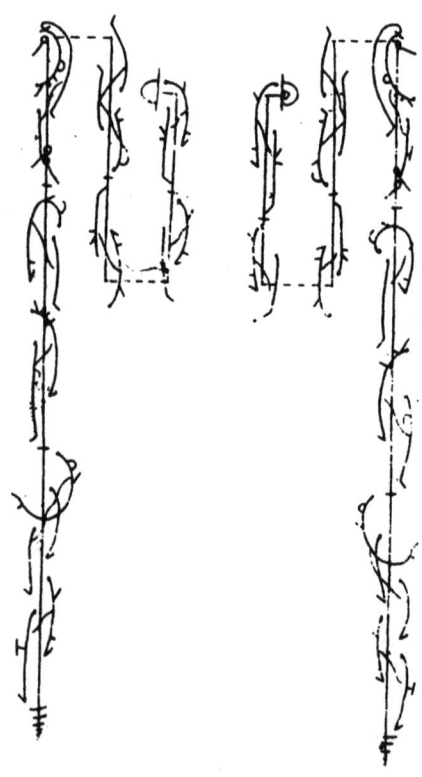

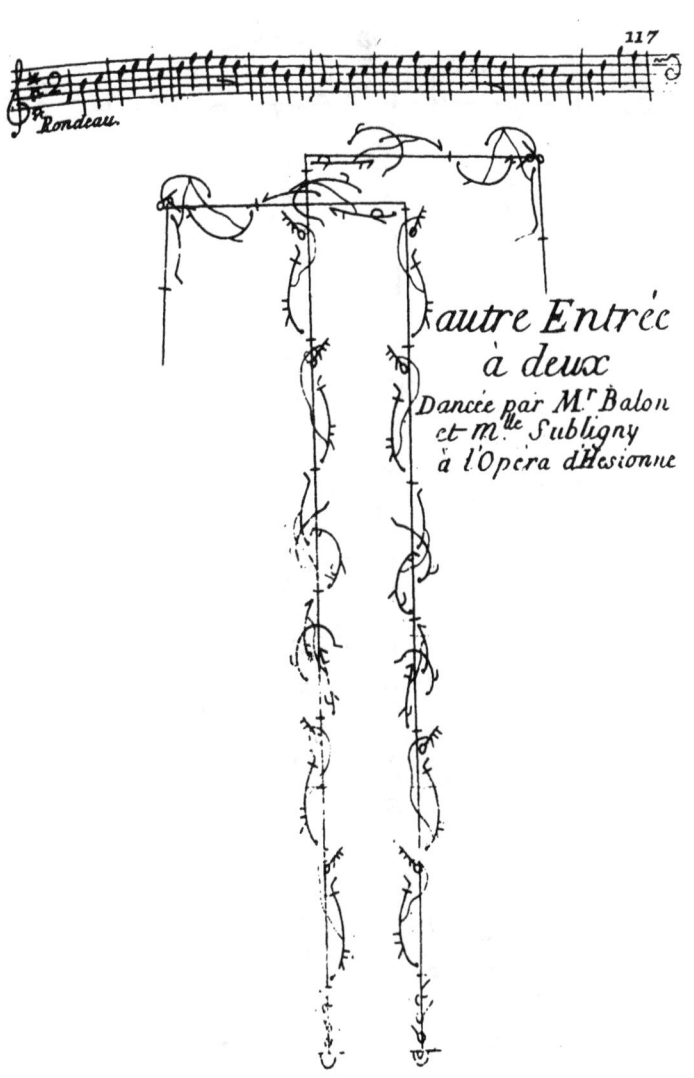

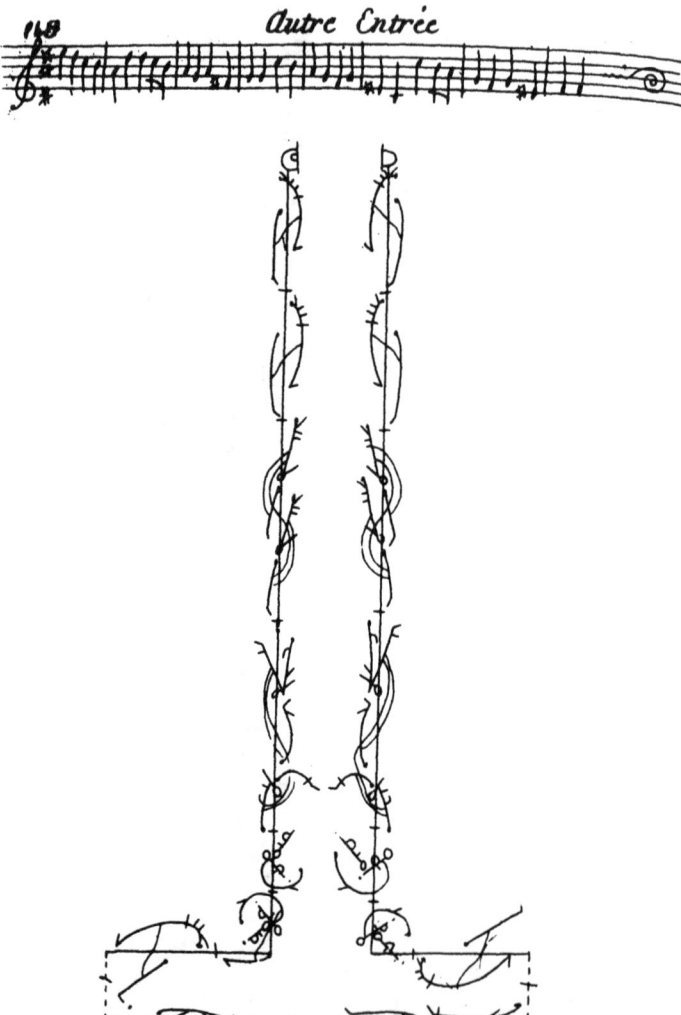

Autre Entrée

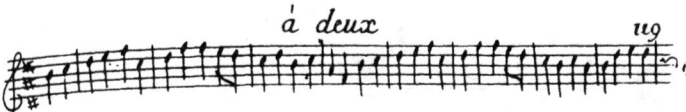

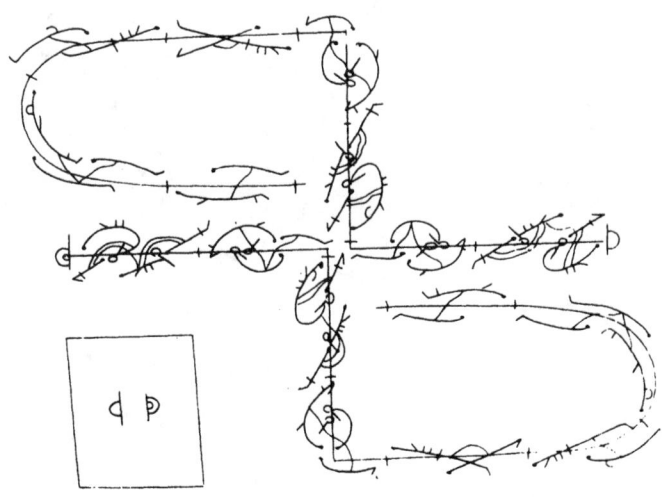

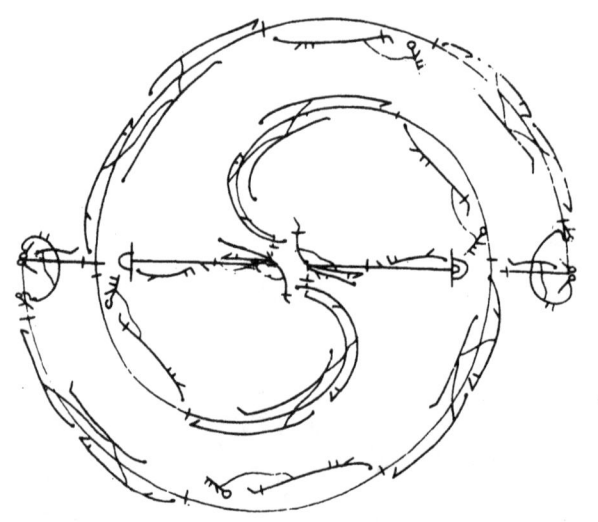

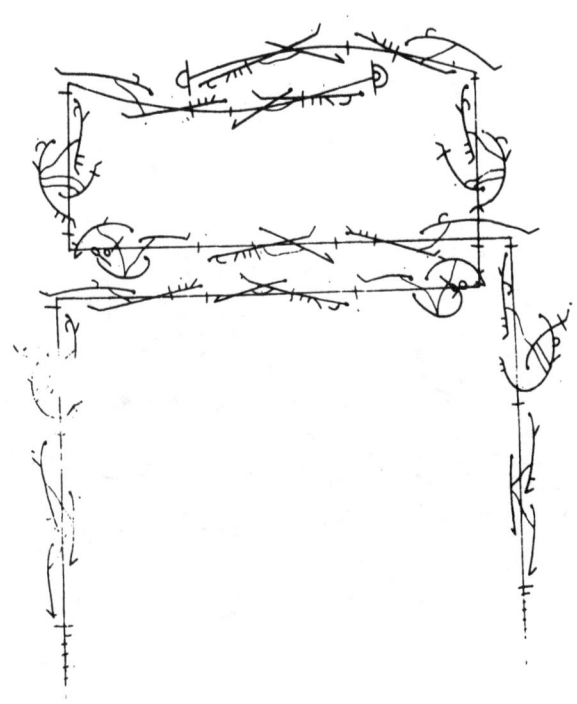

Entrée à deux
Dancée par Mr Balon et Mlle Subligny
à l'Opera d'Arethuse.

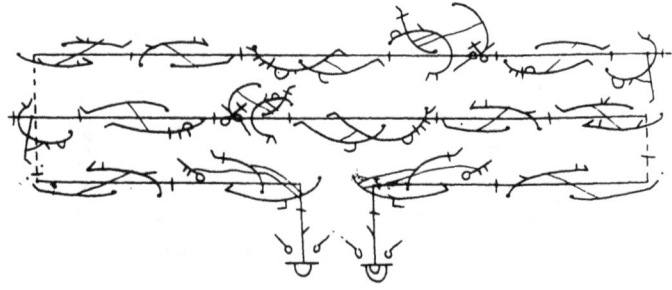

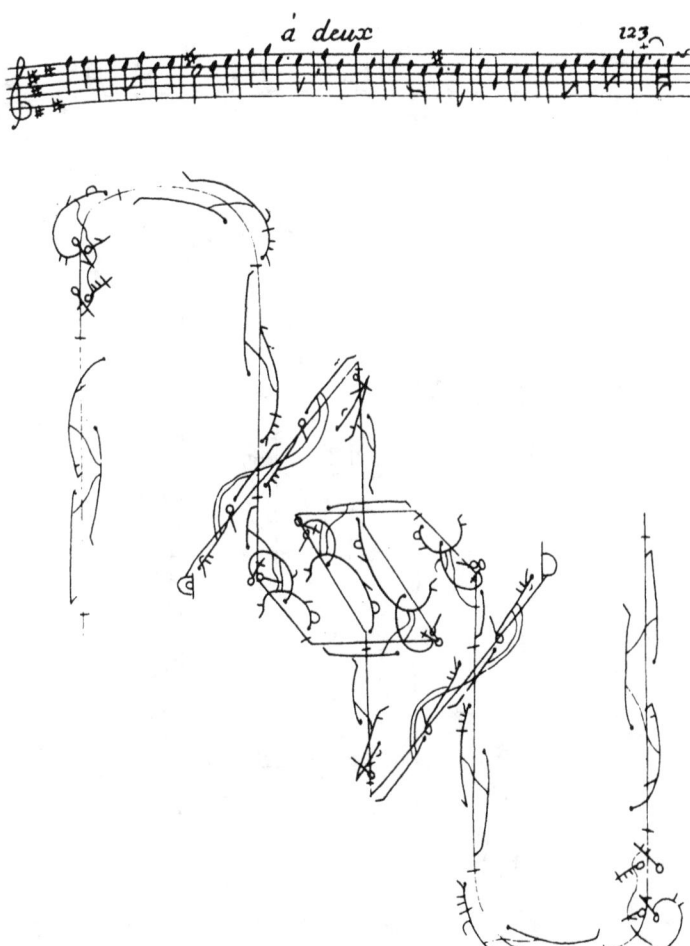

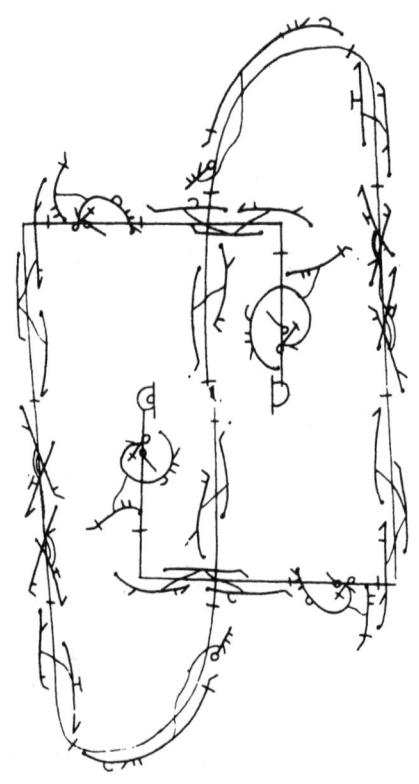

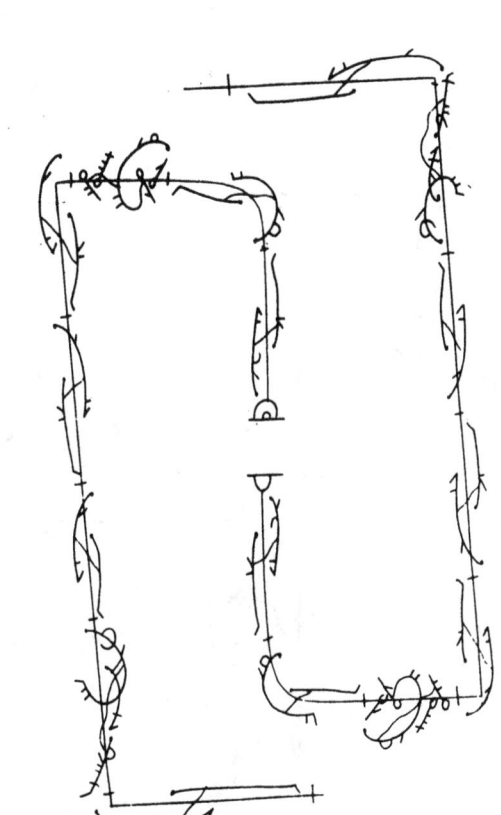

126 Entrée

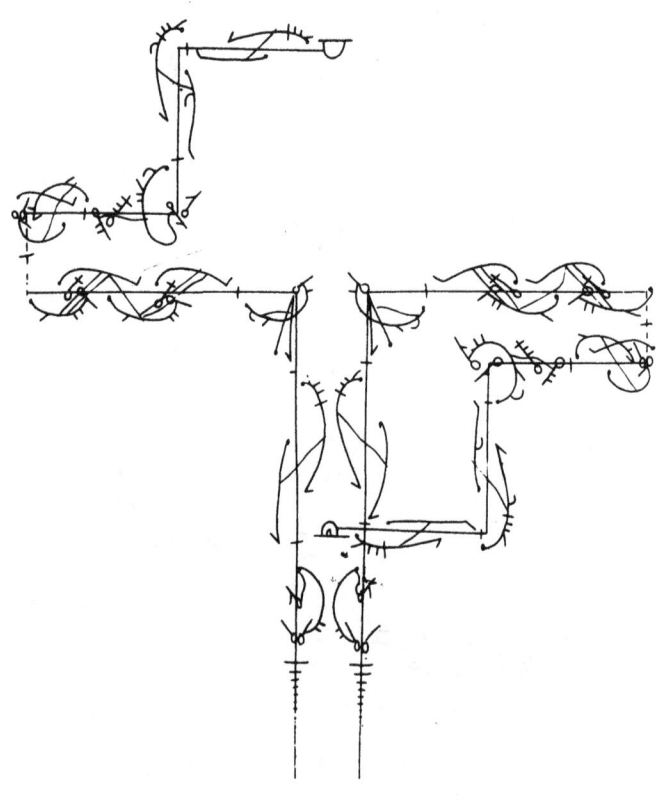

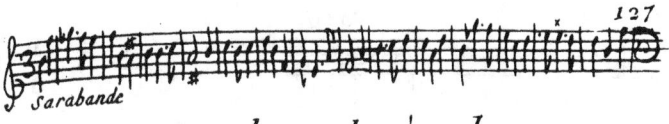

Sarabande à deux

Dancée par Mr Blonde et Mlle Victoire
à l'opera de Tancrede.

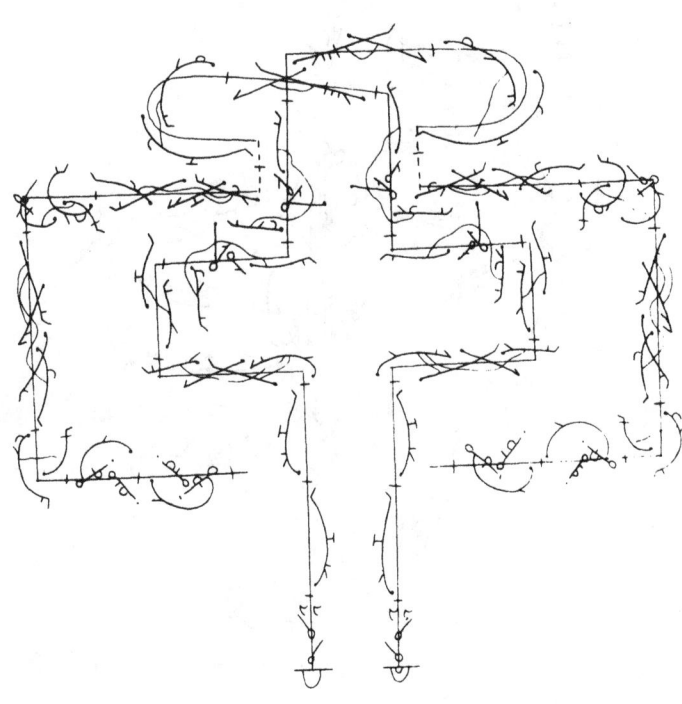

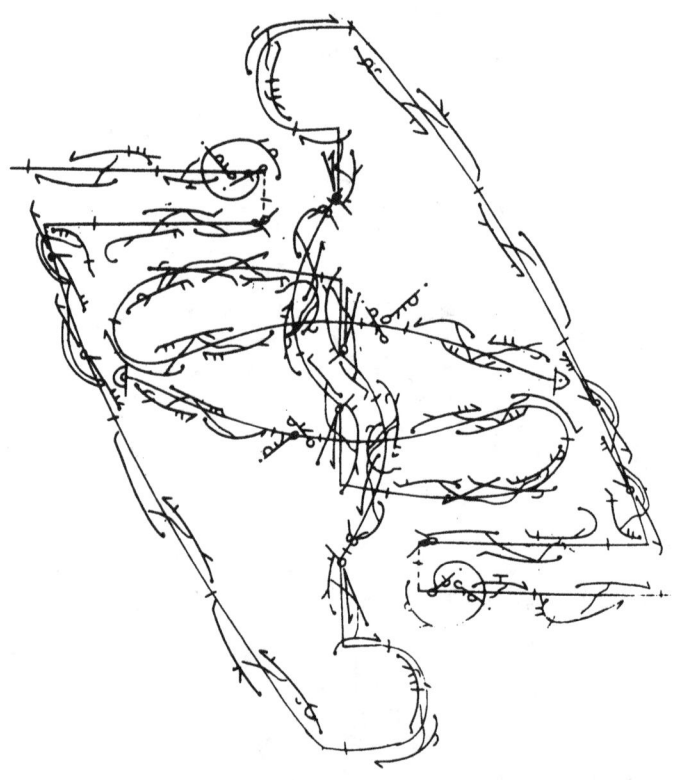

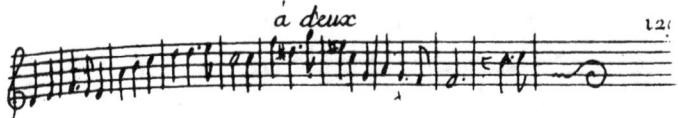

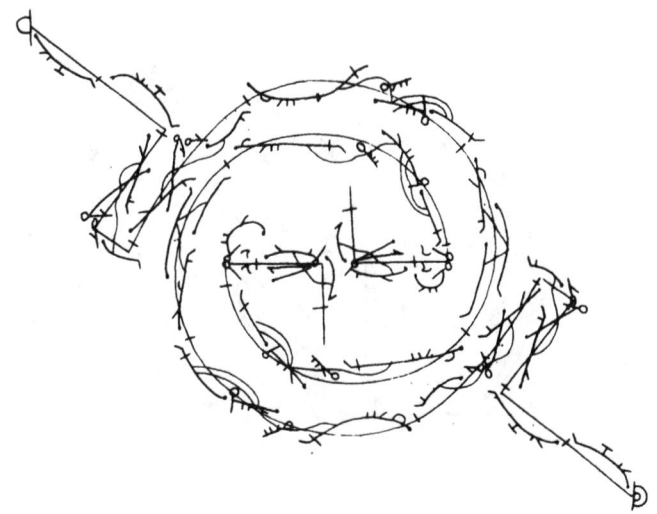

R

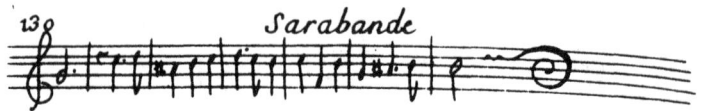

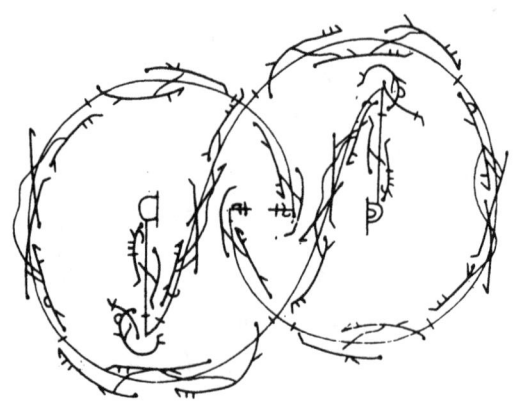

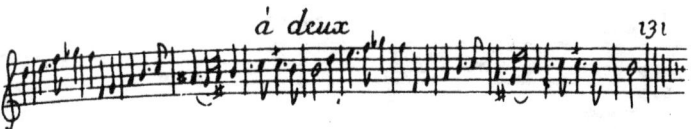

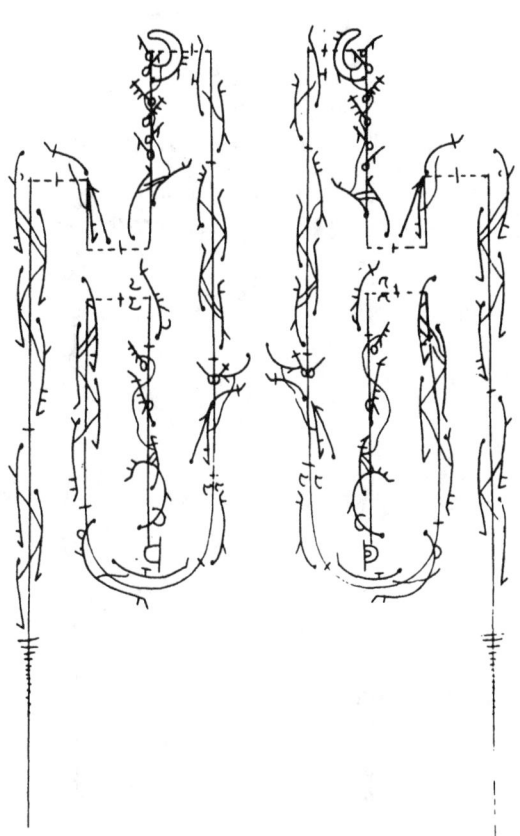

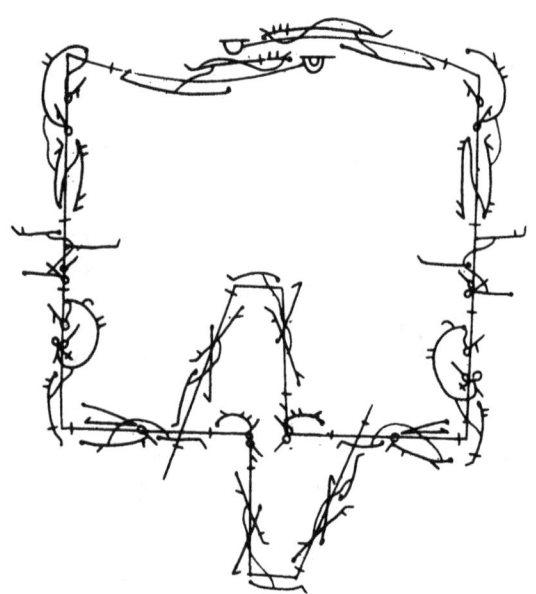

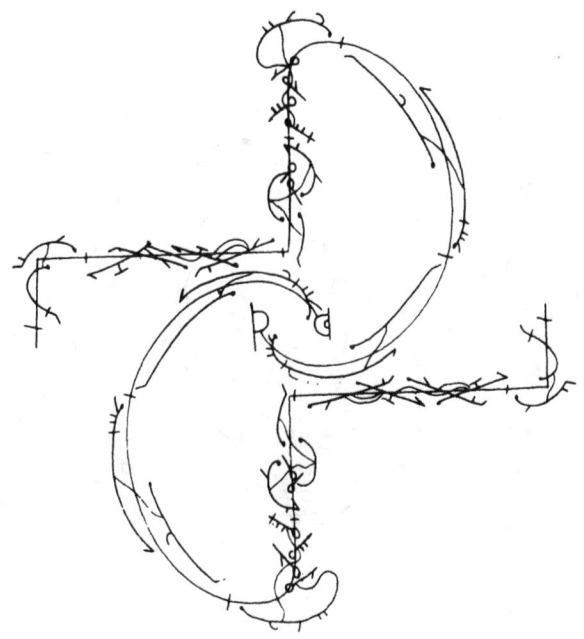

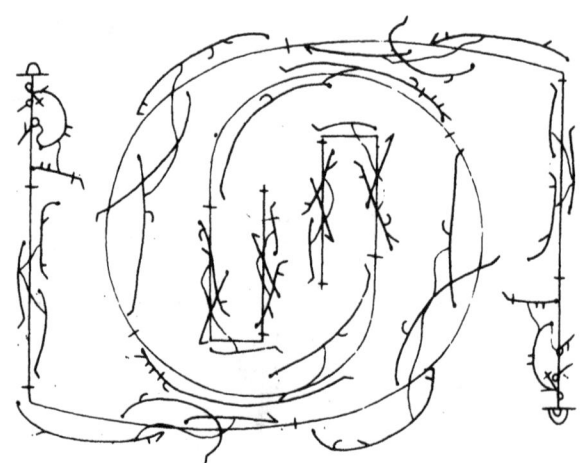

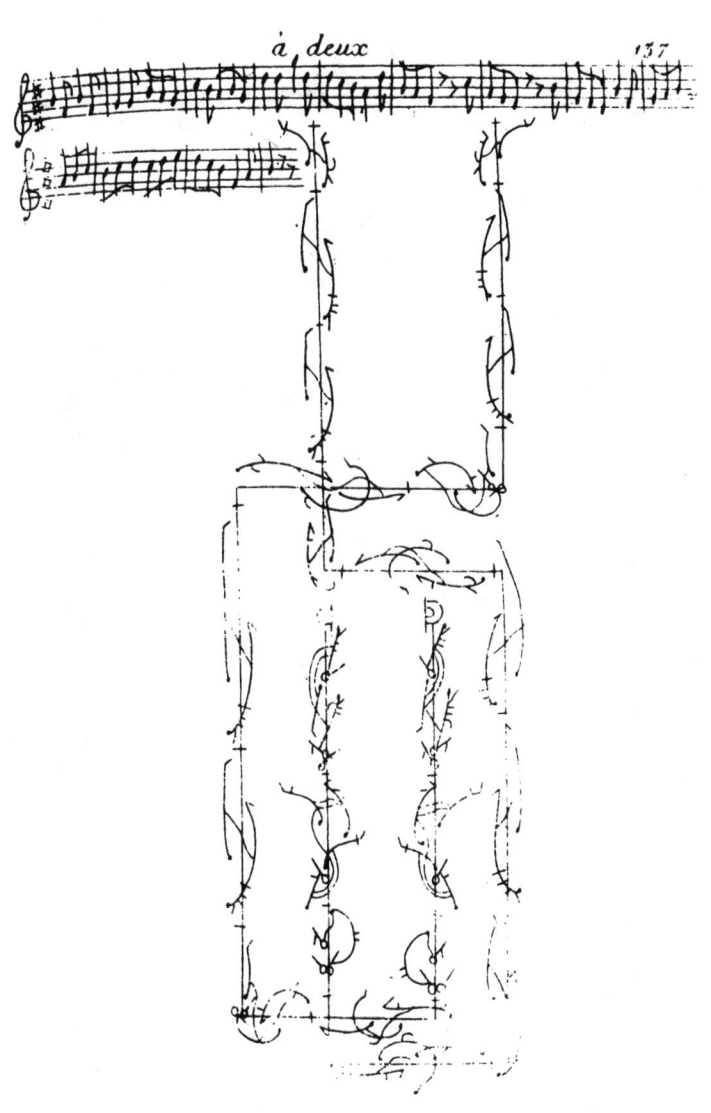

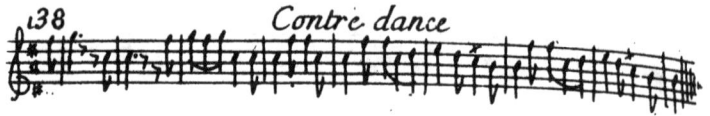

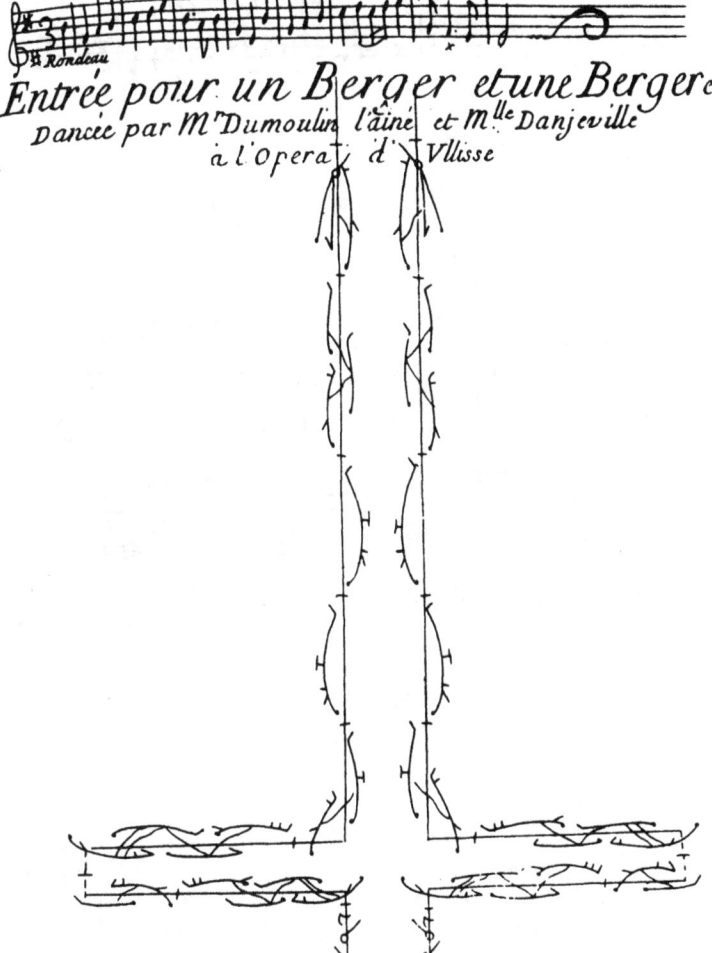

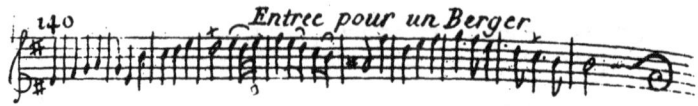
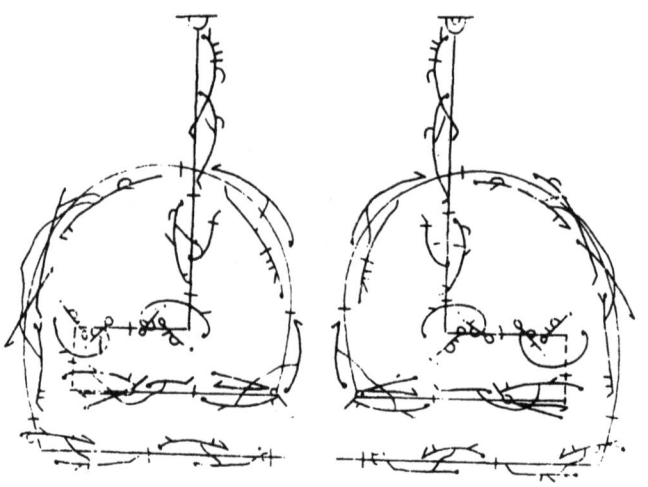

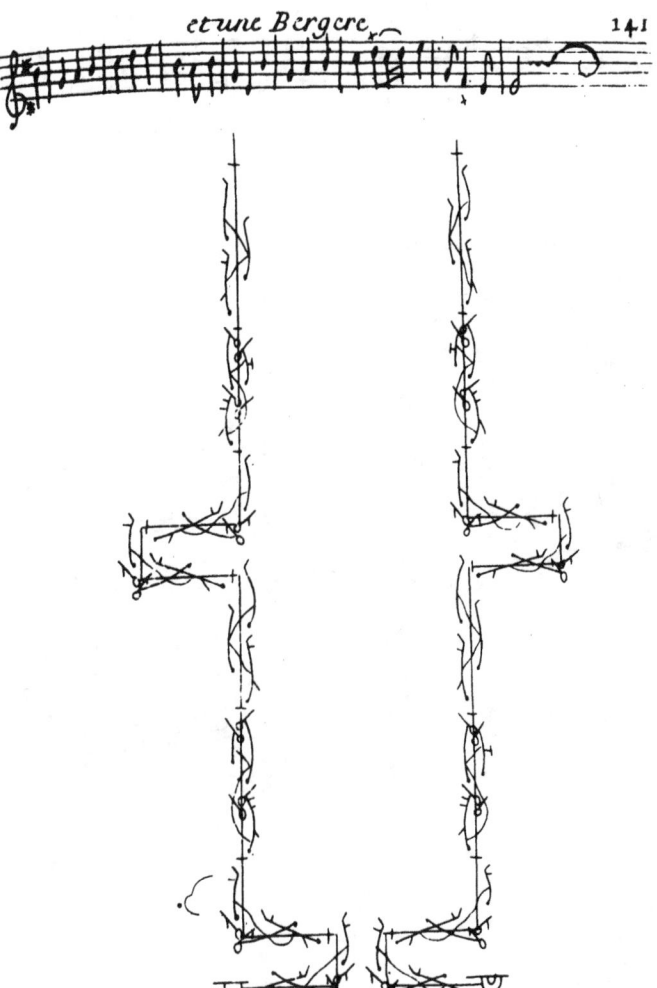

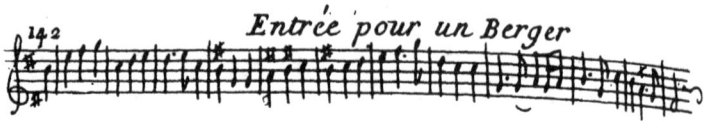

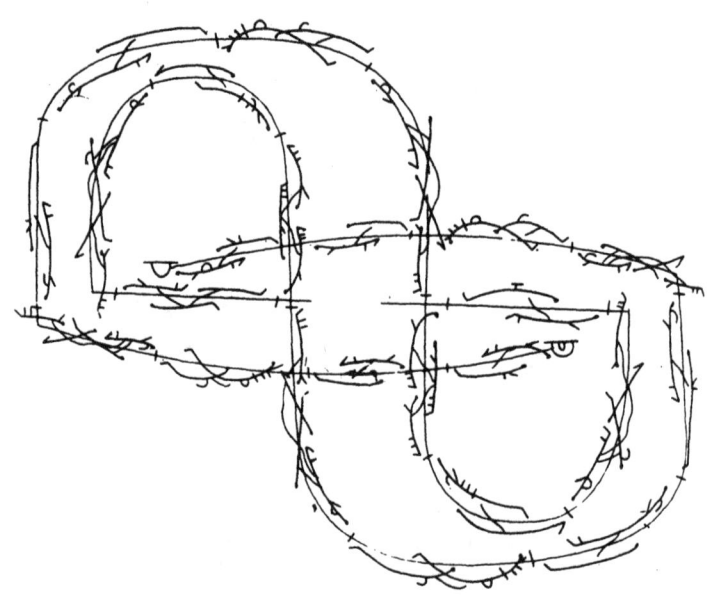

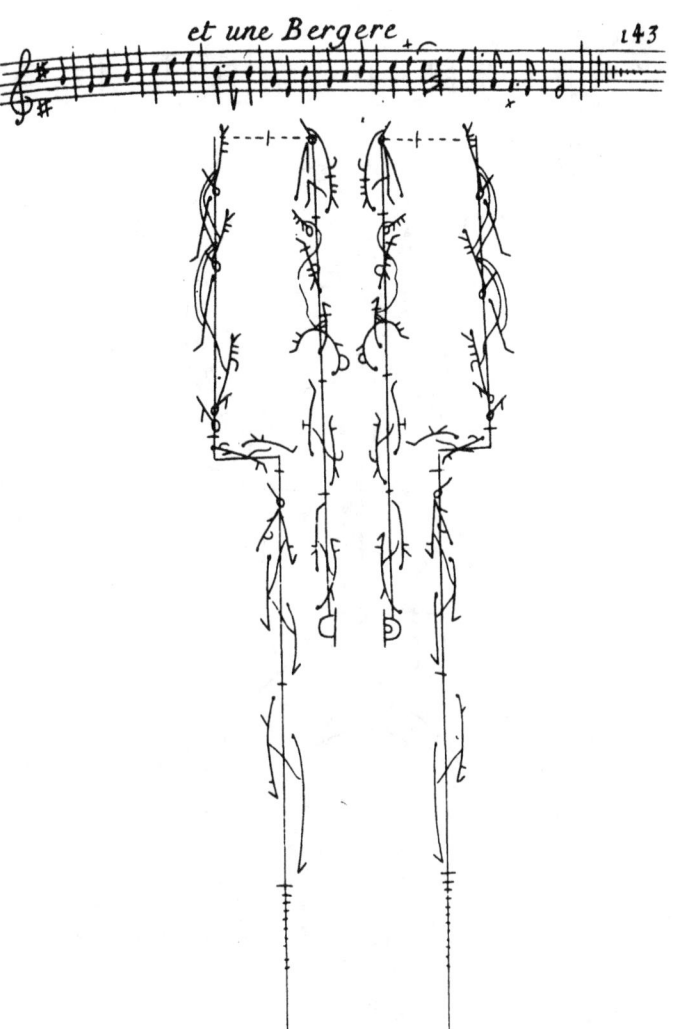

2.ᶜ Entrée
Dancée par les mêmes

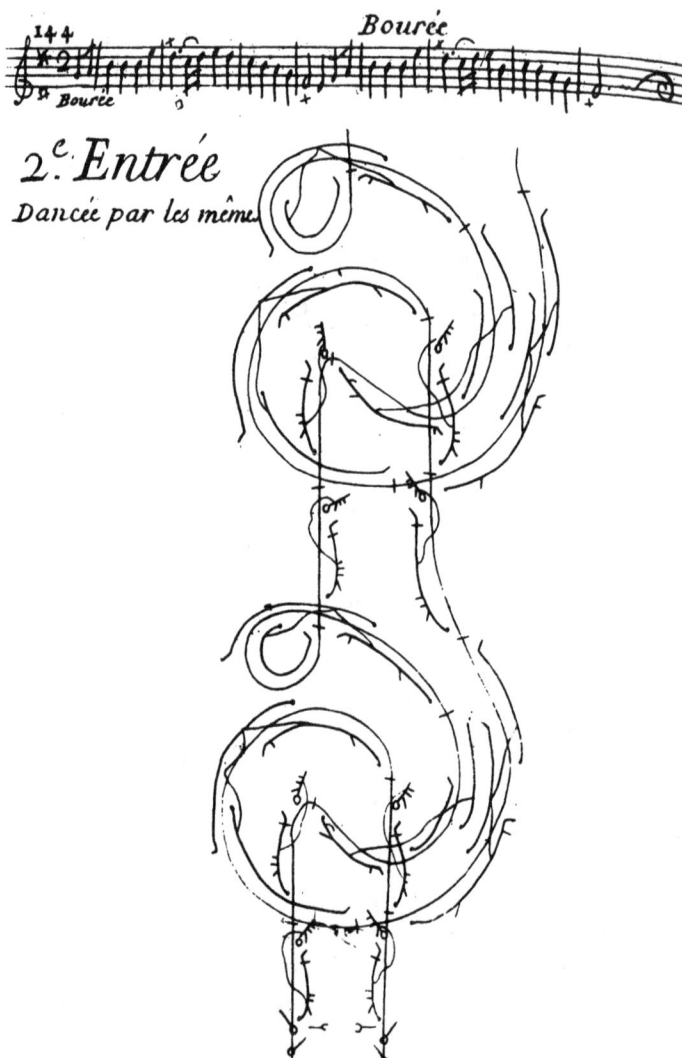

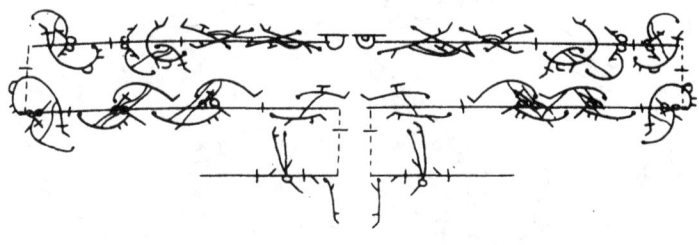

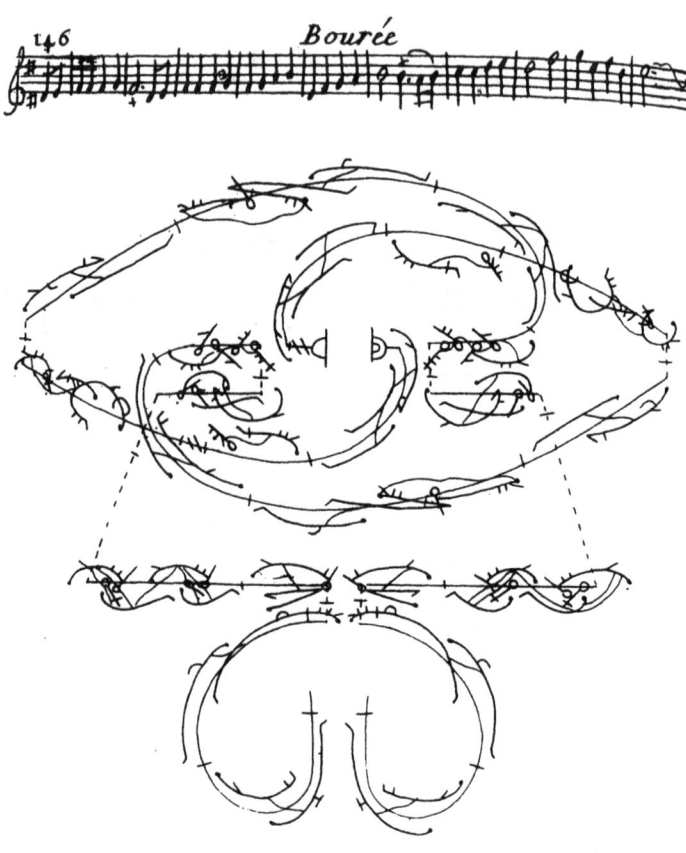

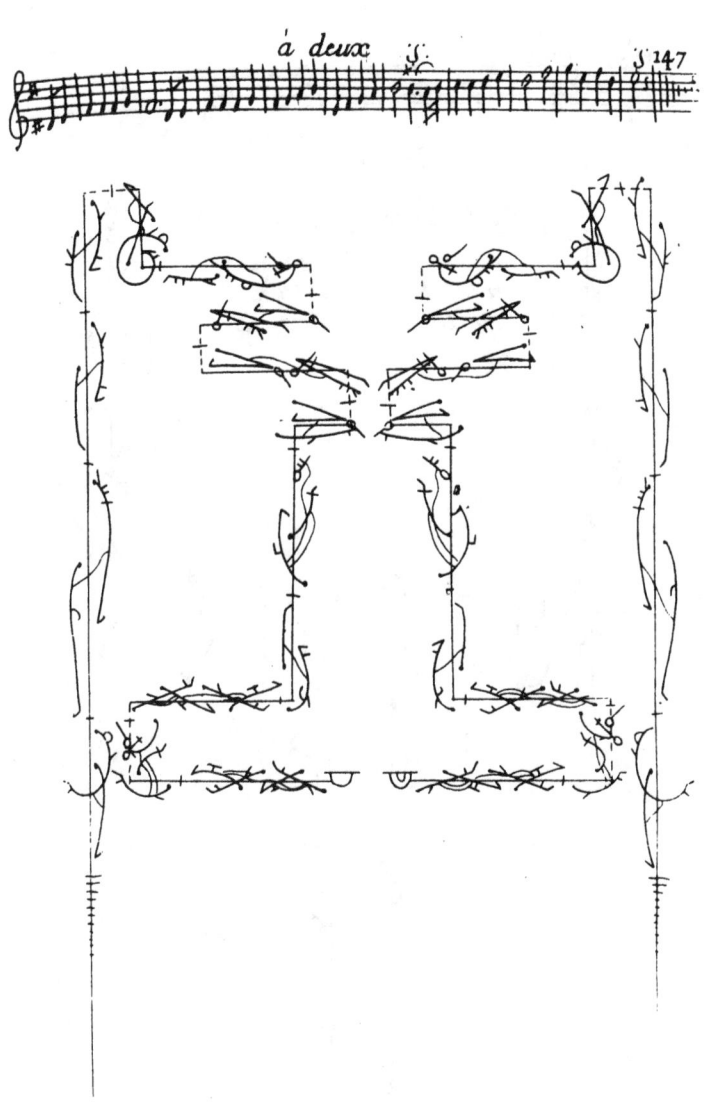

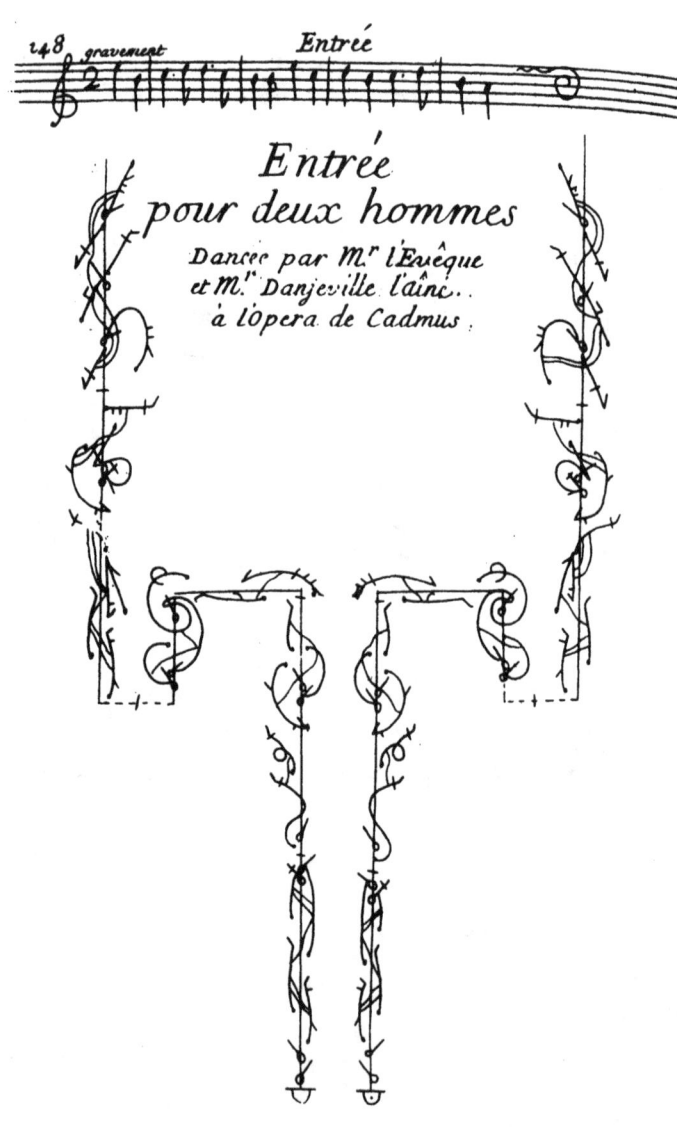

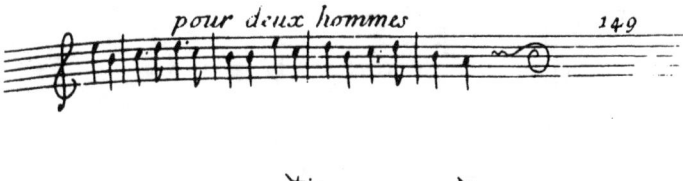

pour deux hommes

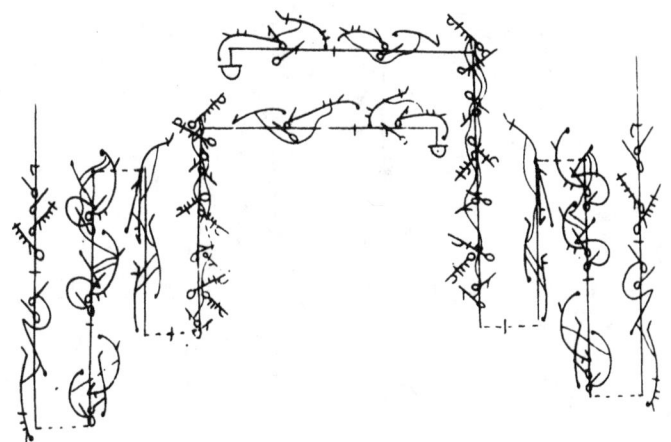

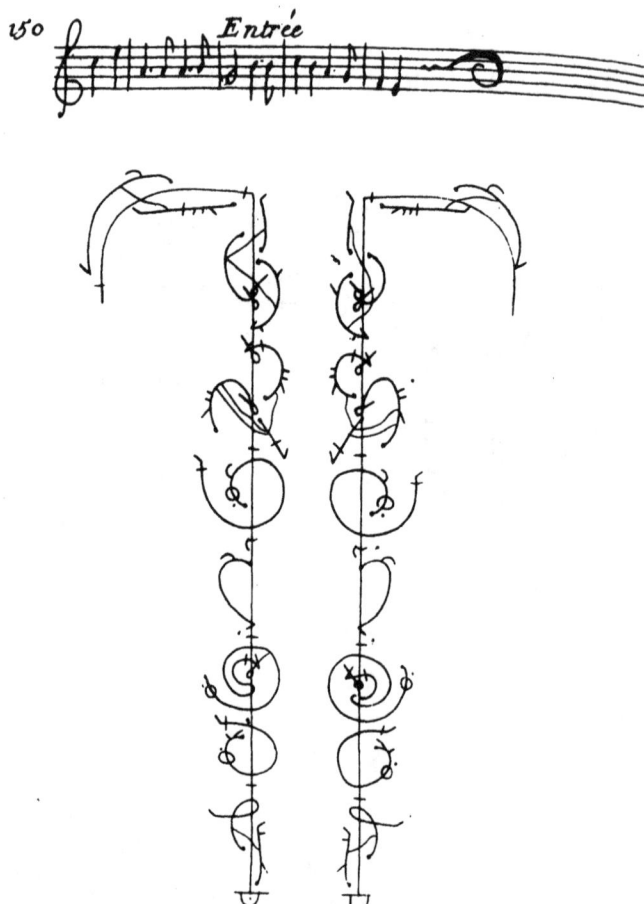

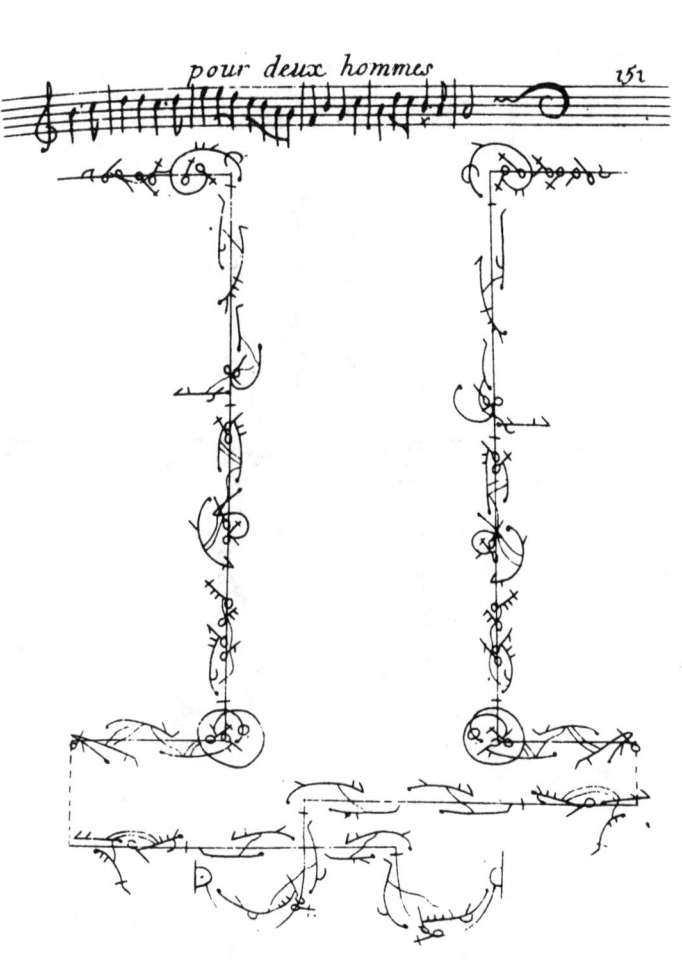

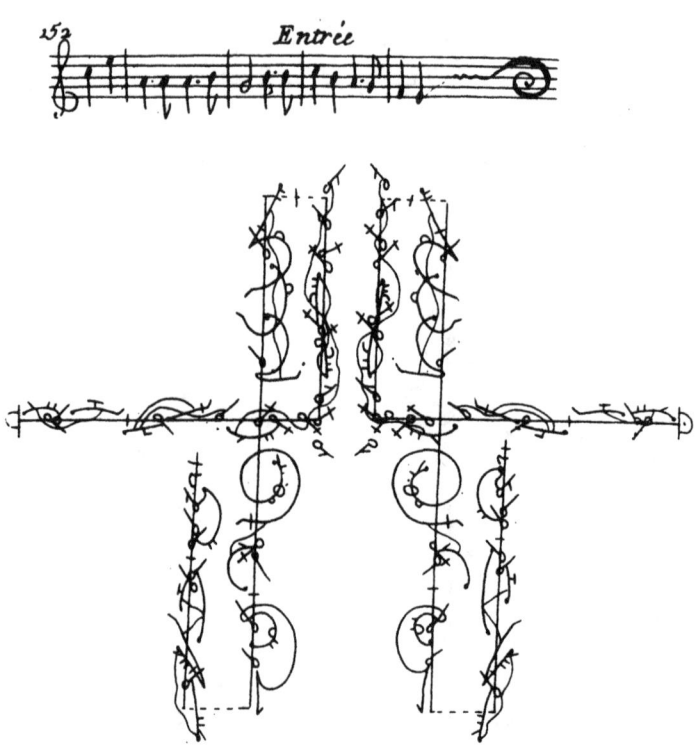

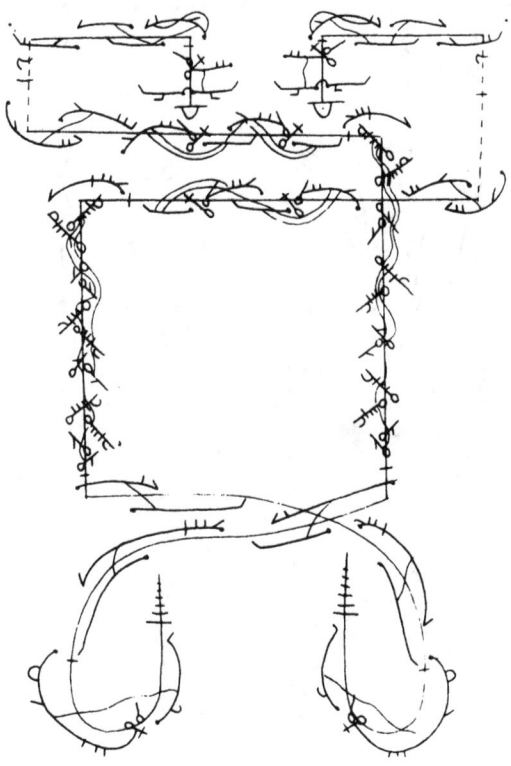

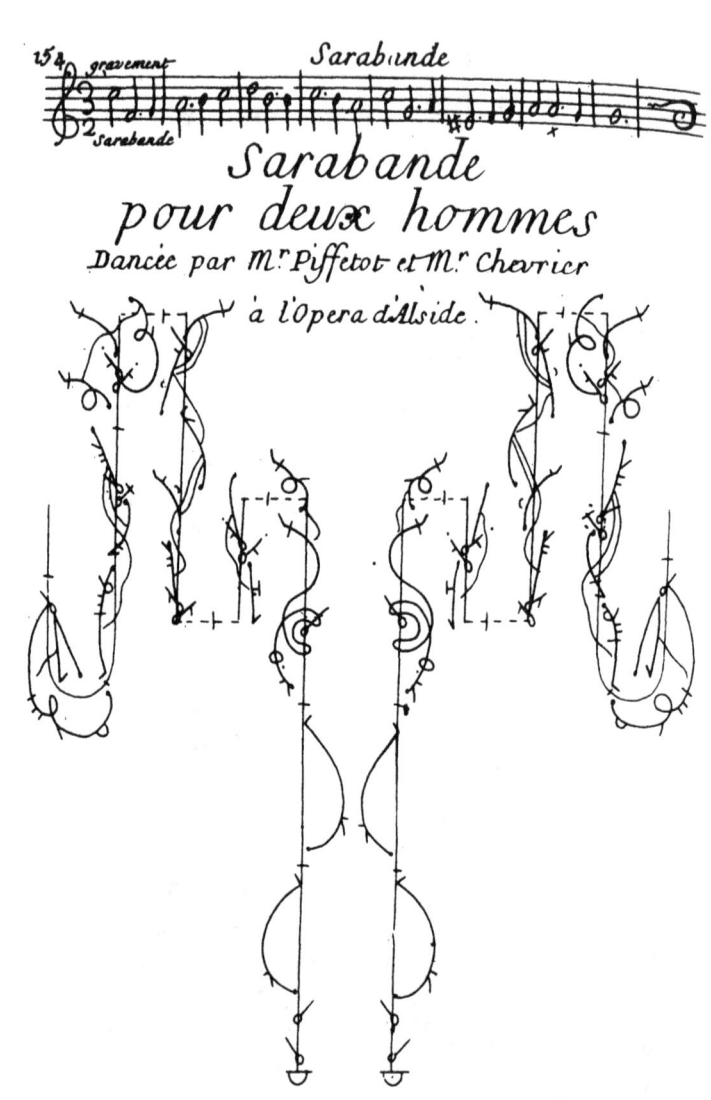

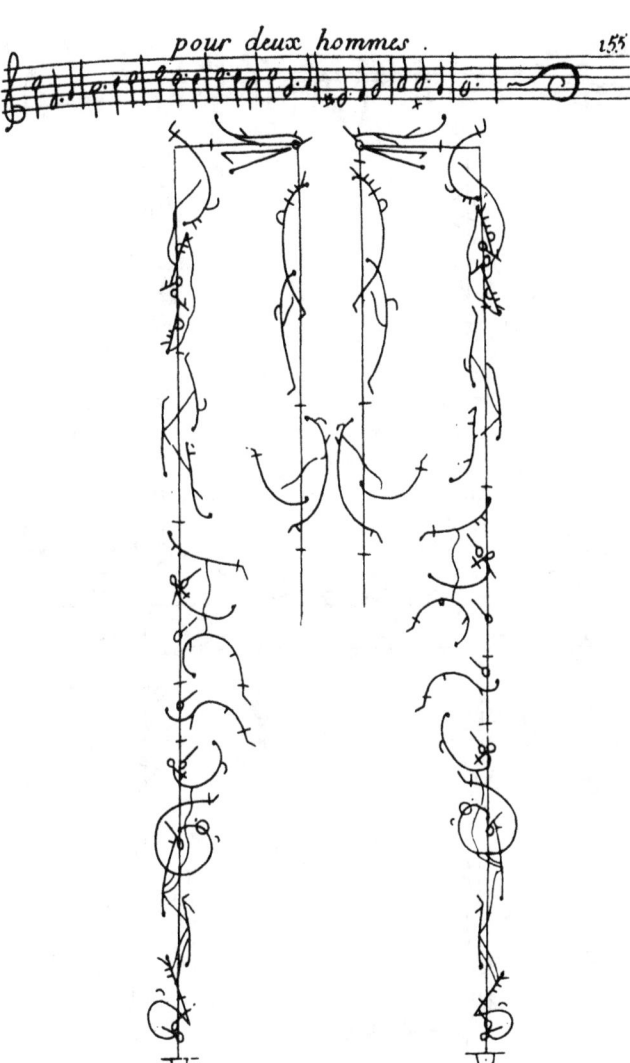

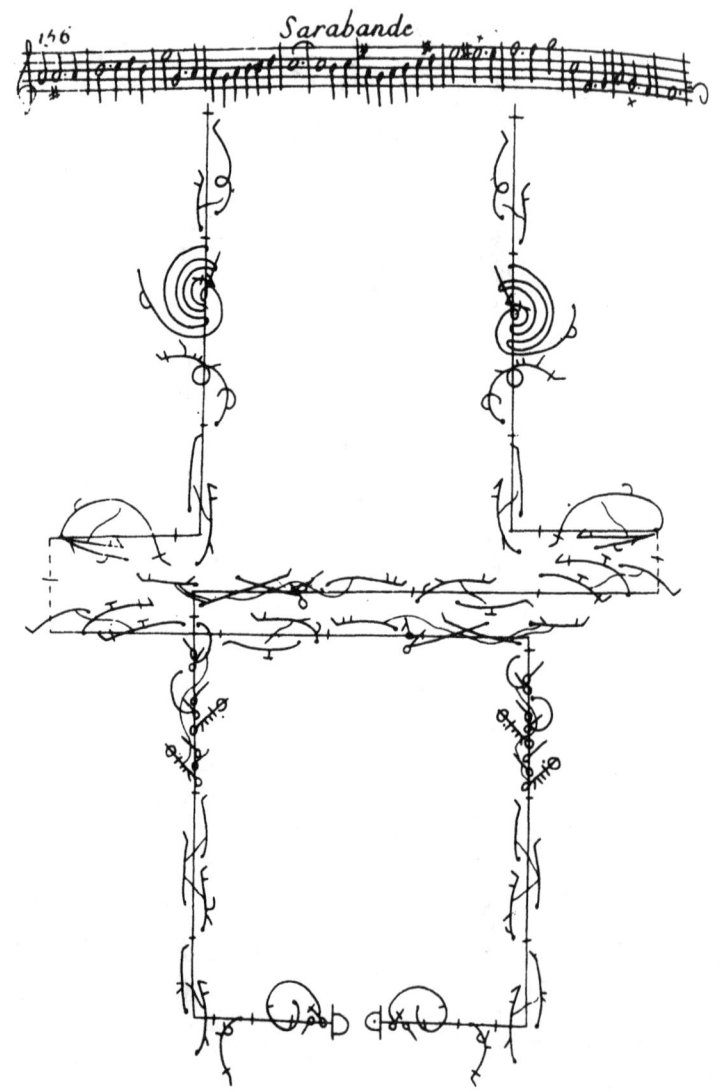

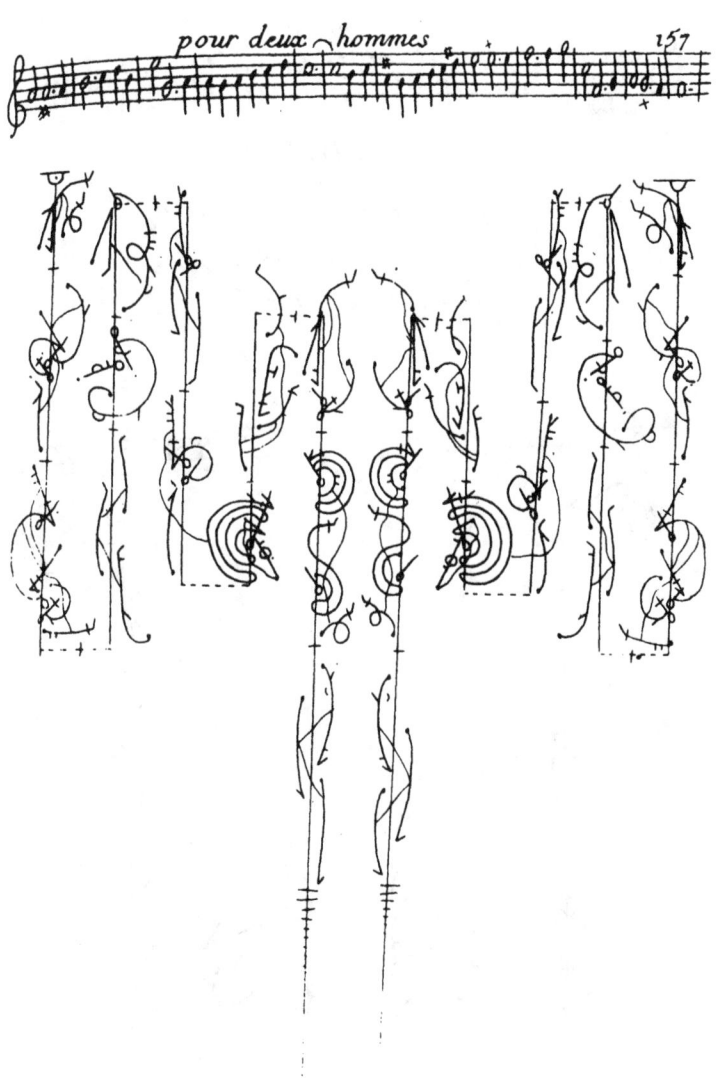

Canary
pour deux hommes
Dancée par Mr. Piffetot et Mr. Chevrier
à l'Opera de Didon.

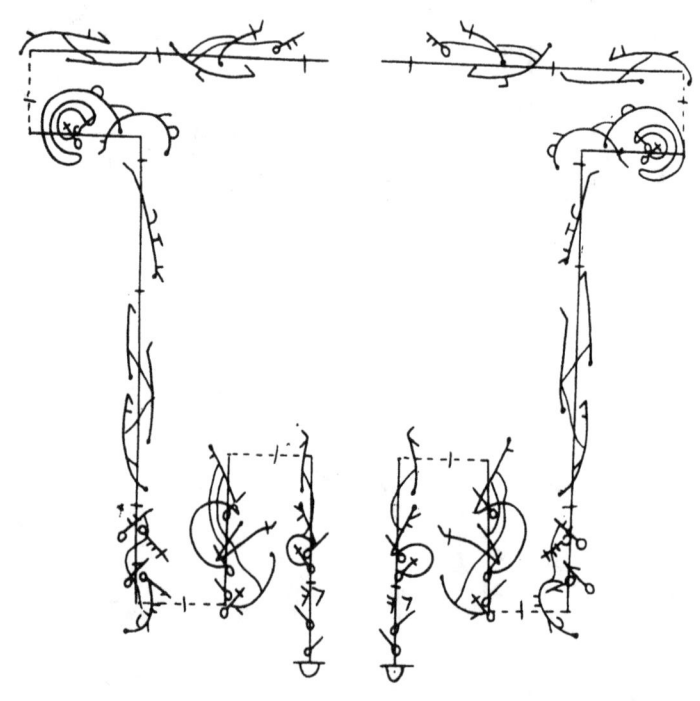

pour deux hommes

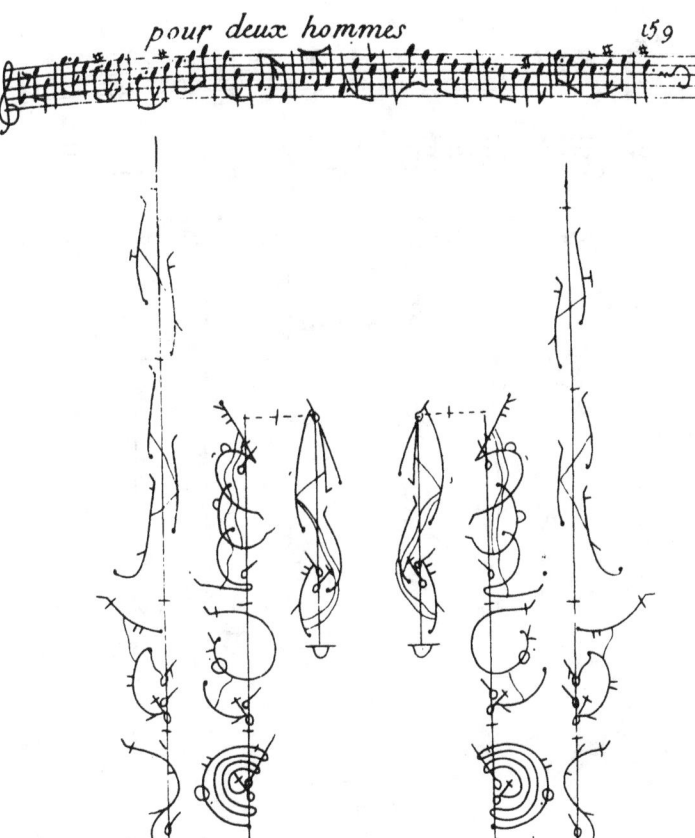

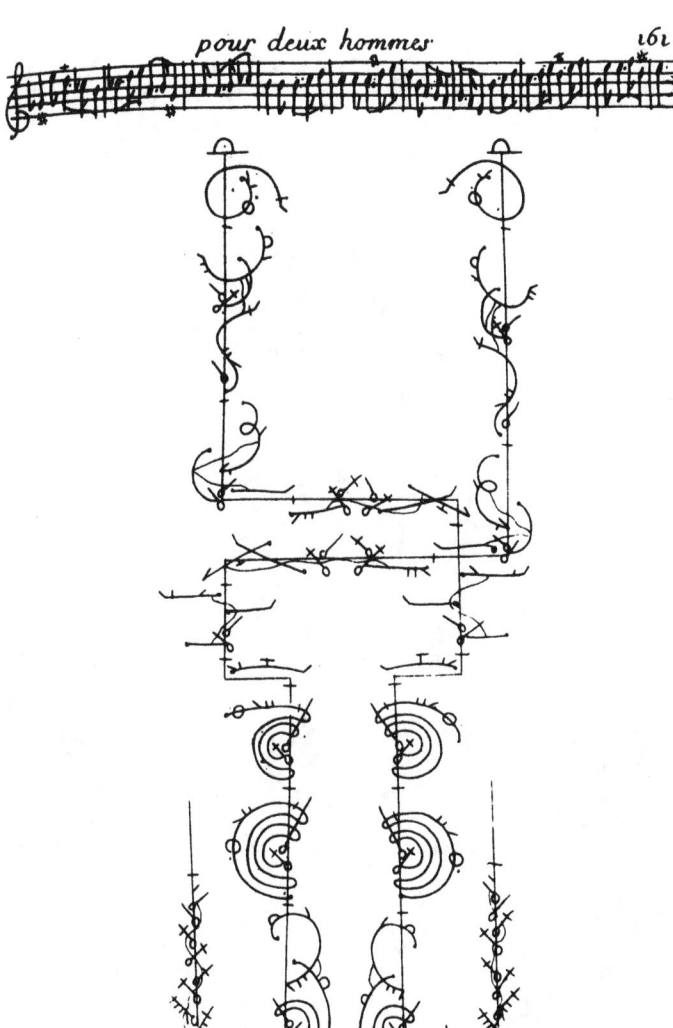

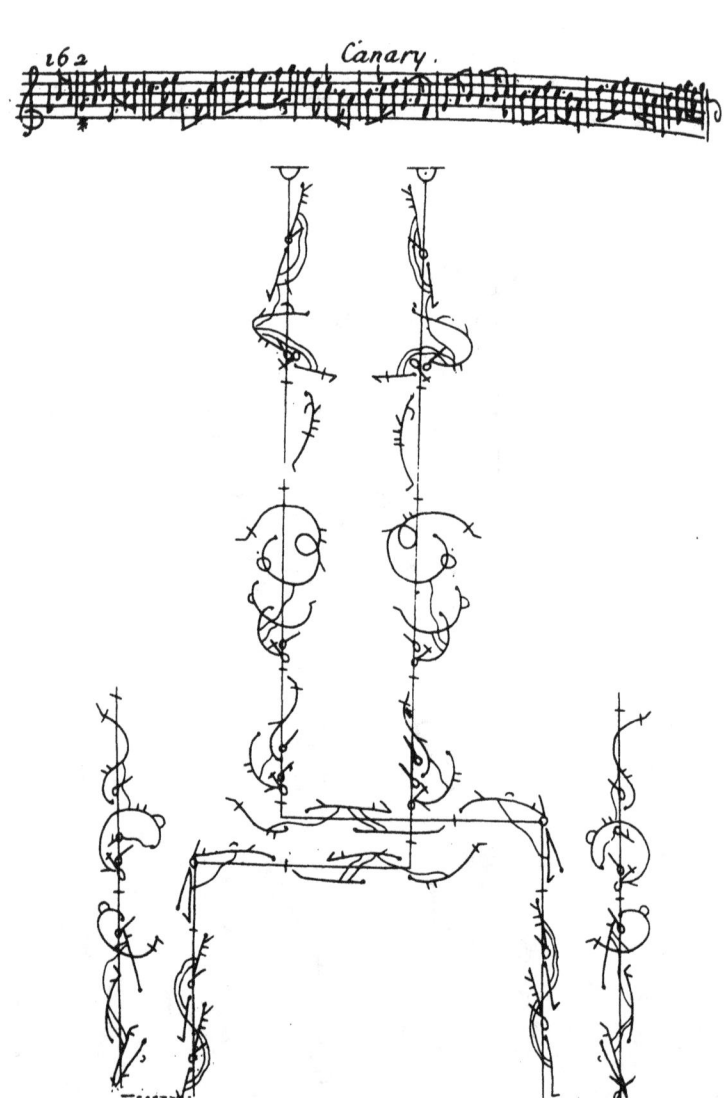

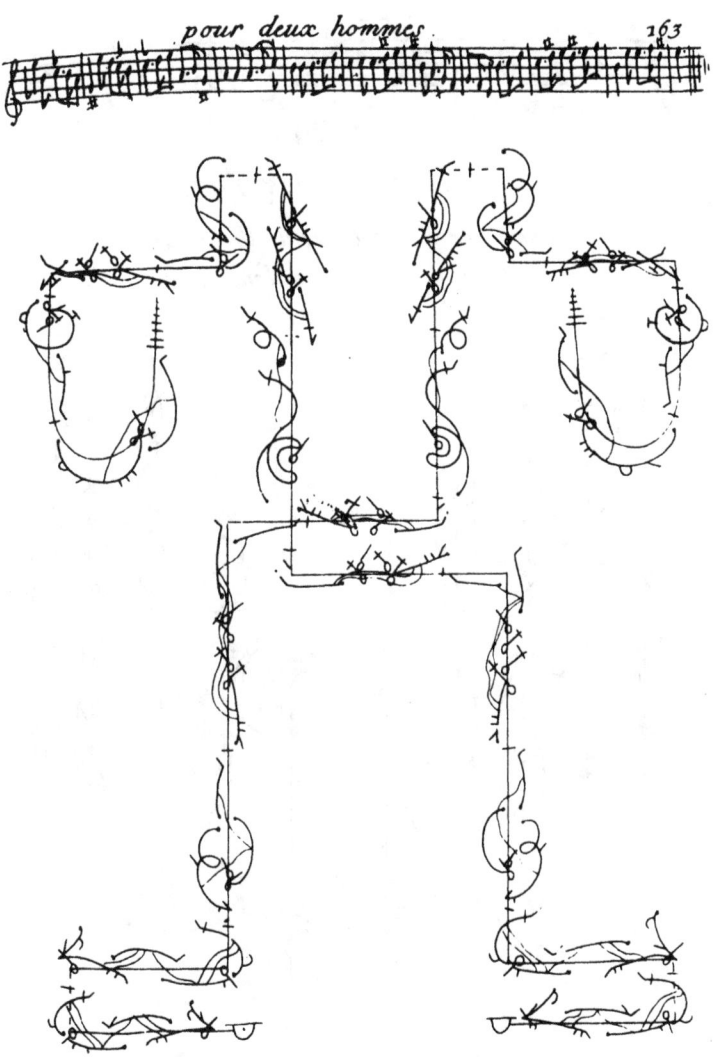

Entrée
pour deux hommes
Dancée par Mr Piffetau et Mr Cherrier
au Ballet de l'Europe galante.

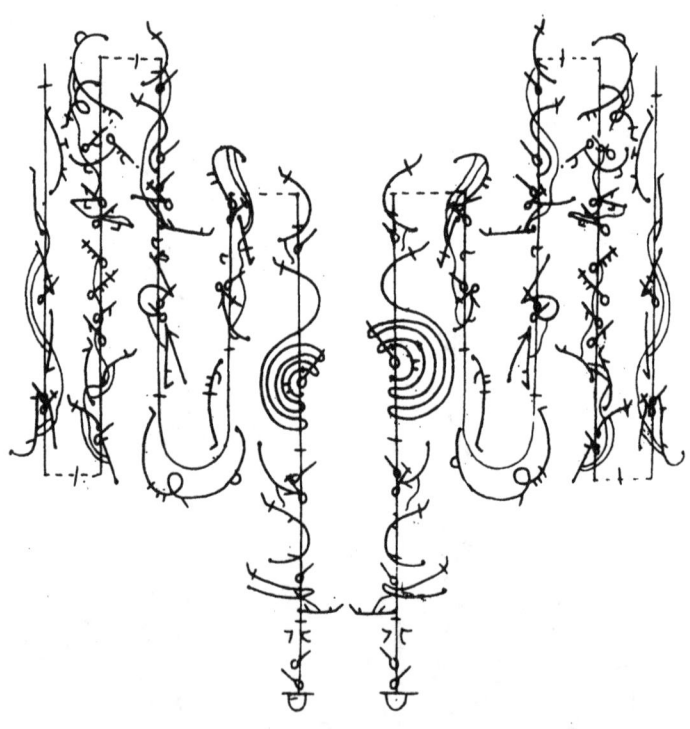

pour deux Espagnols 165

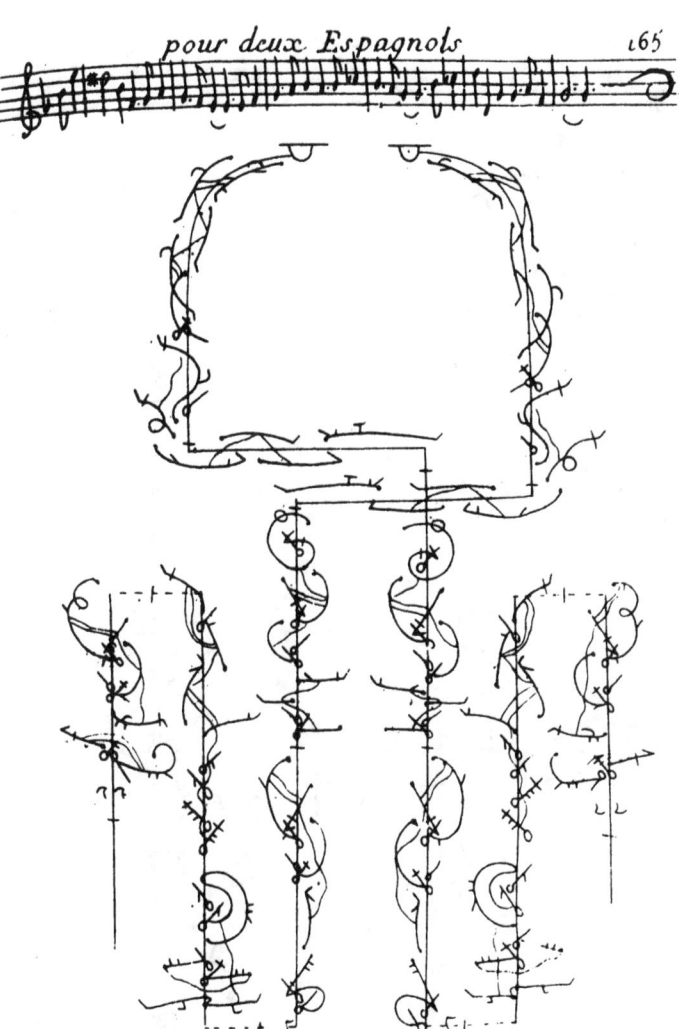

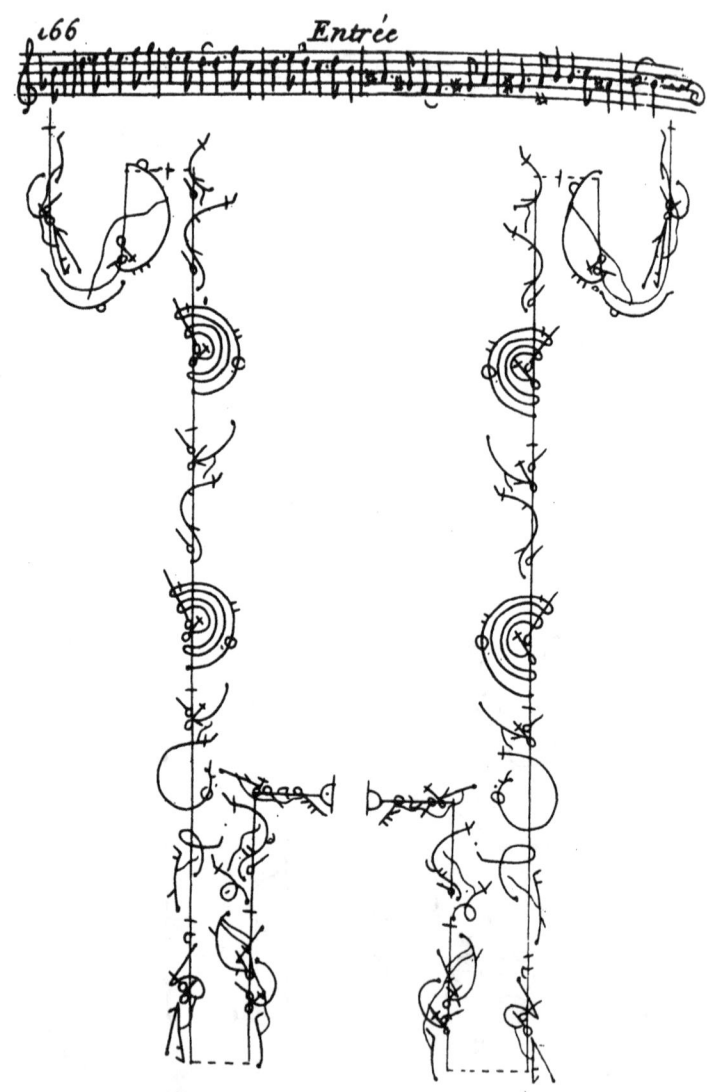

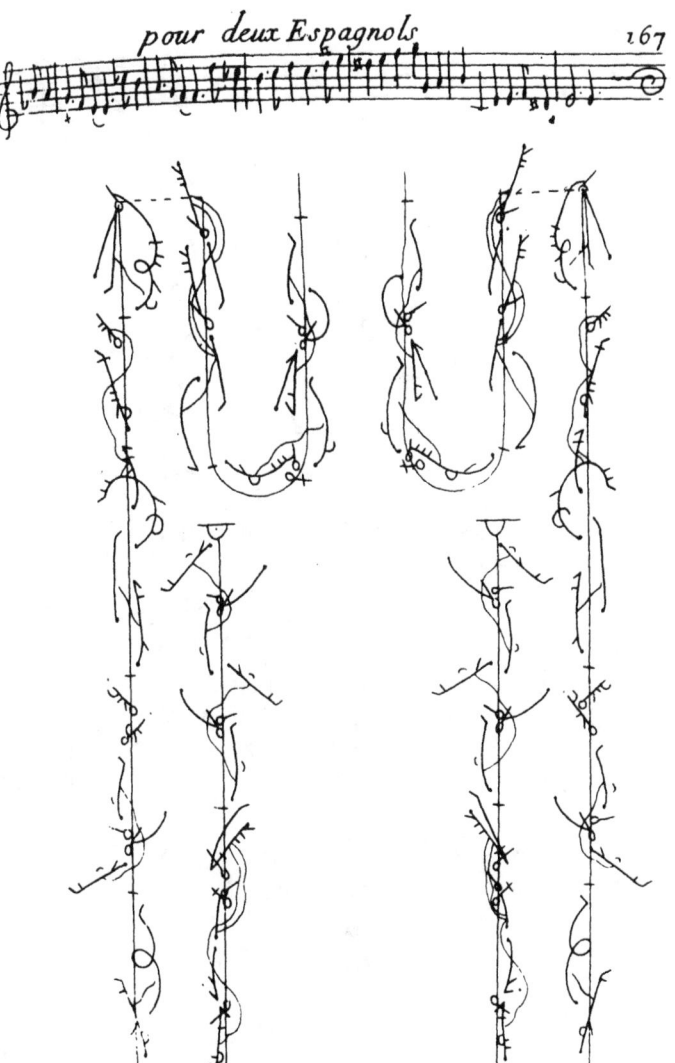

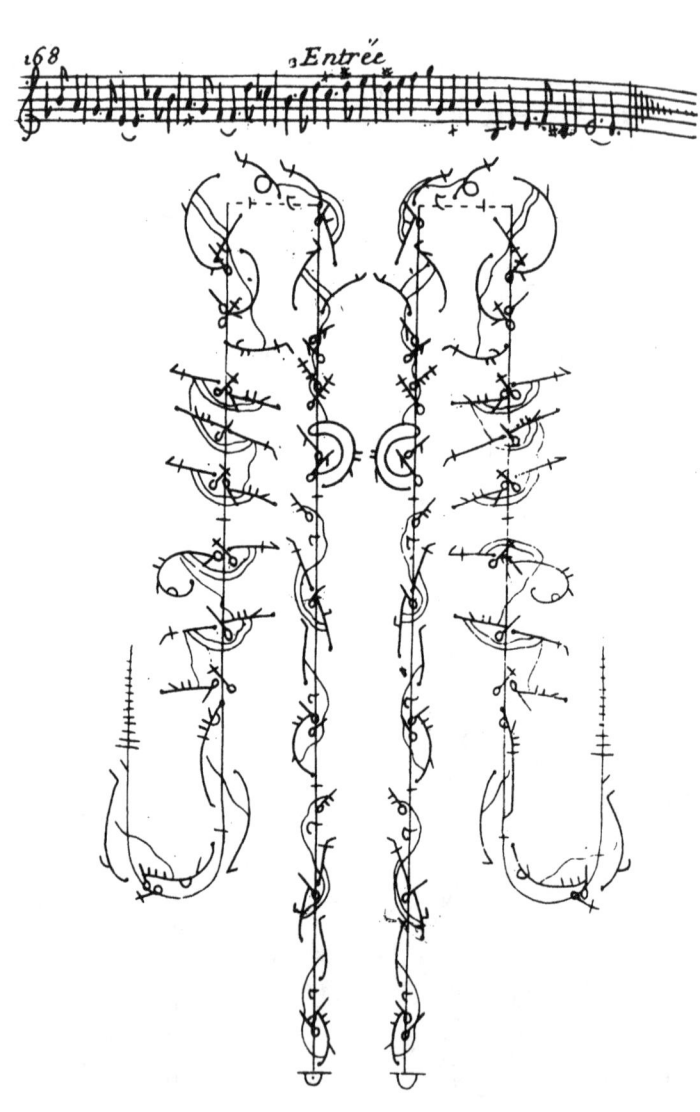

Loure pour deux hommes
Dancée par Mr Blondy et Mr Philbois
à l'Opera de Scilla.

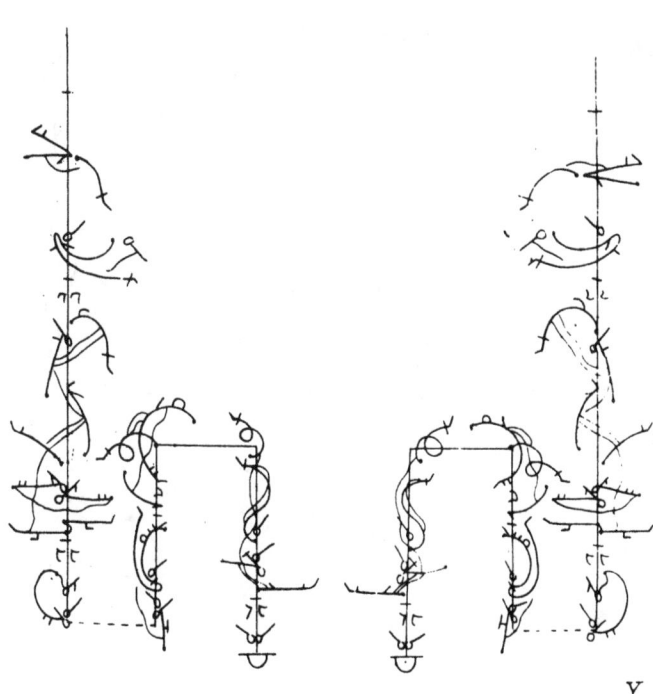

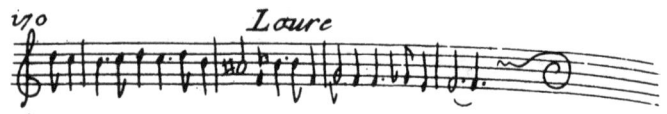

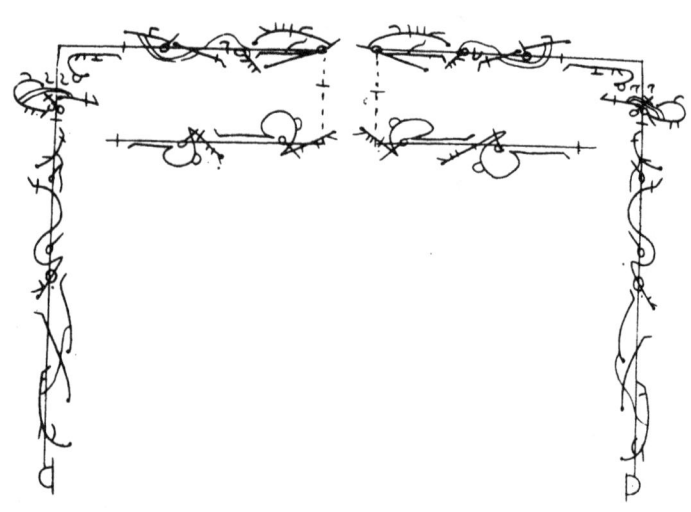

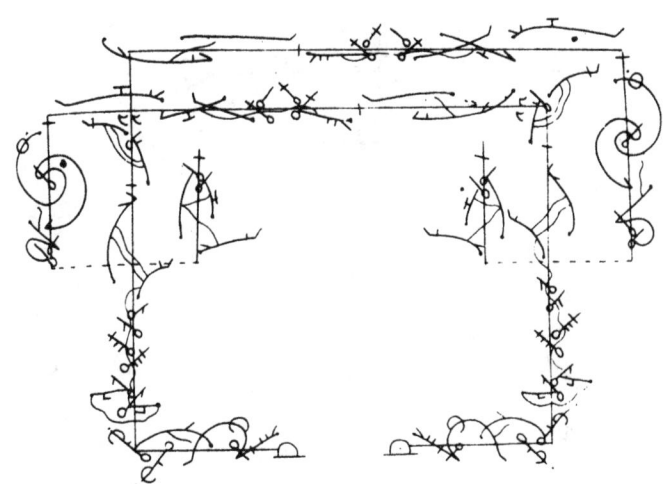

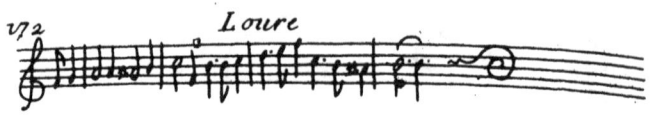

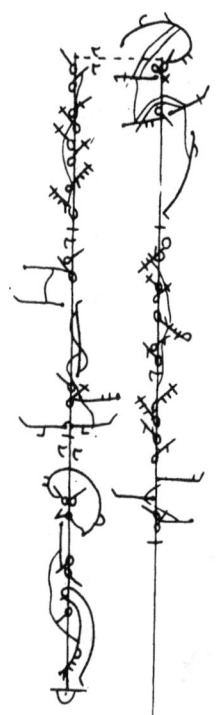
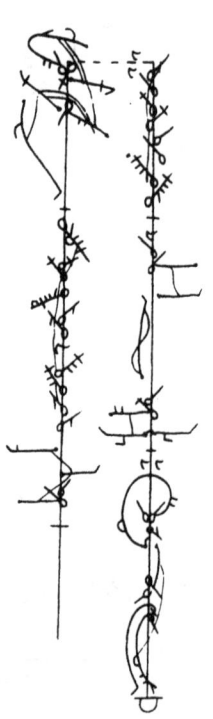

pour deux hommes

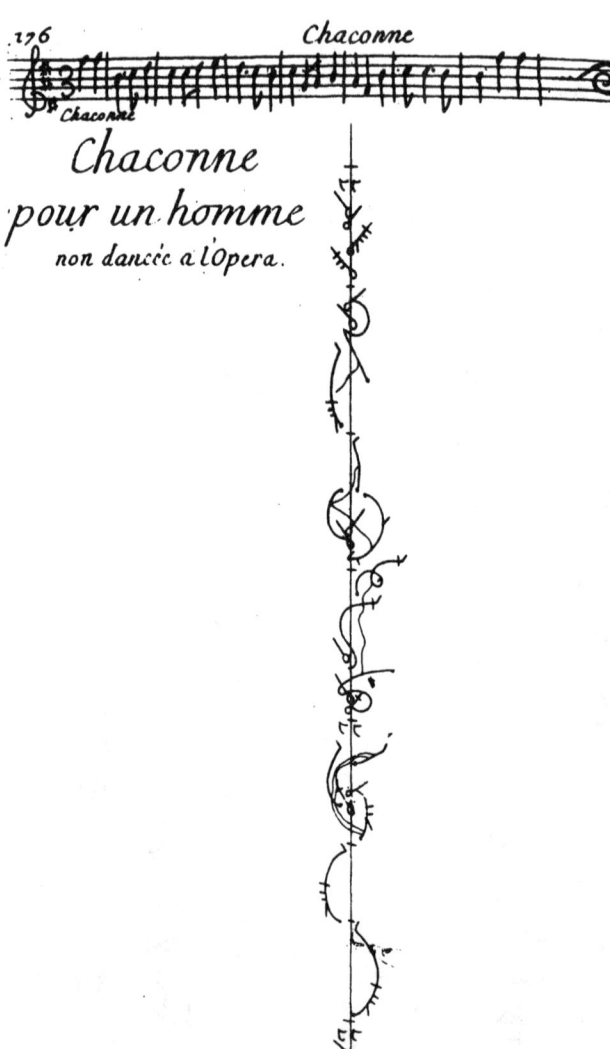

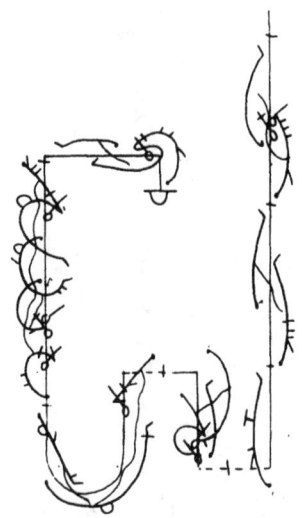

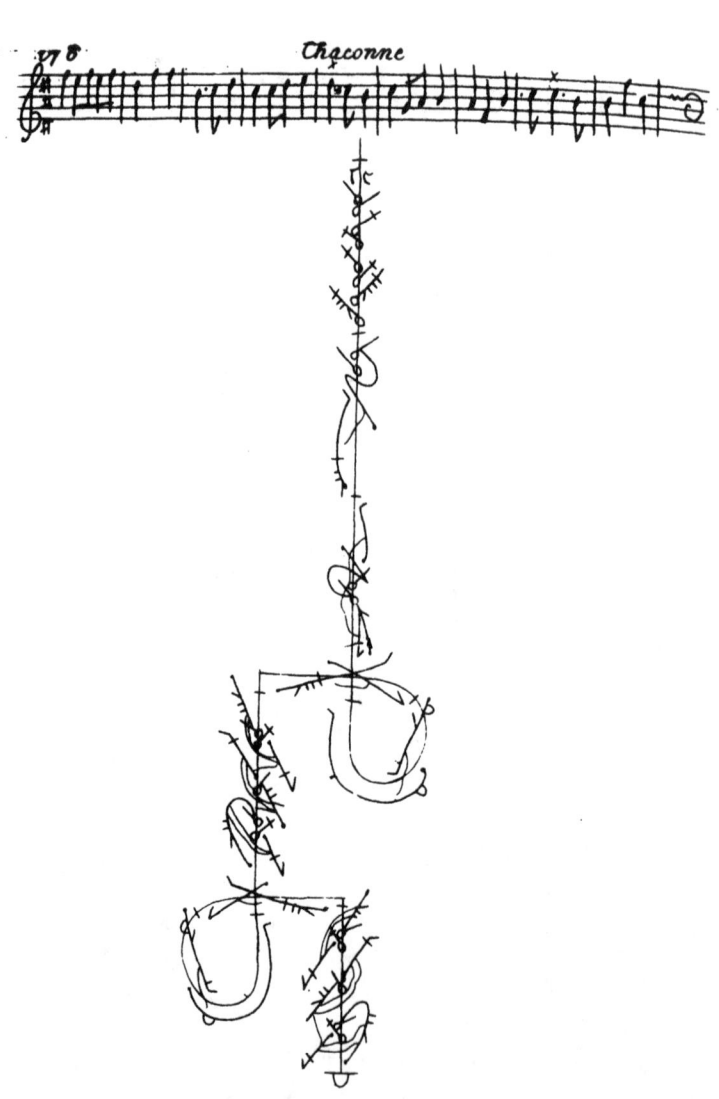

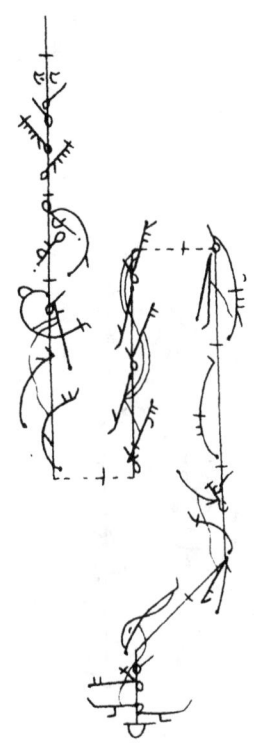

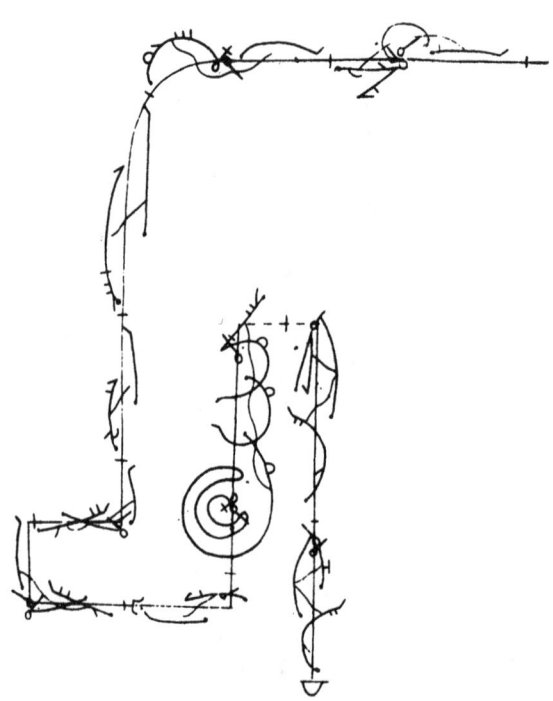

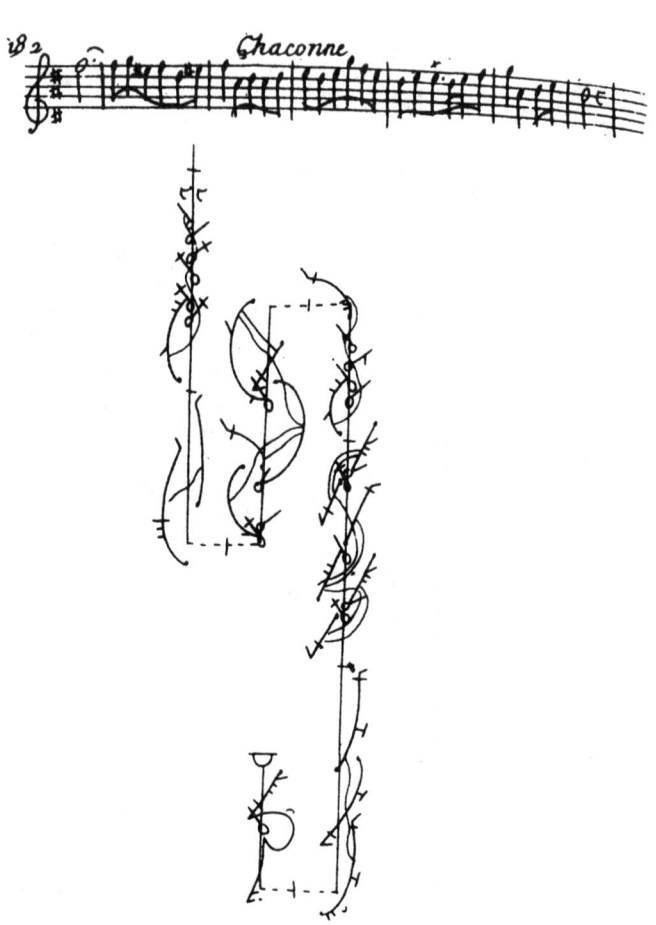

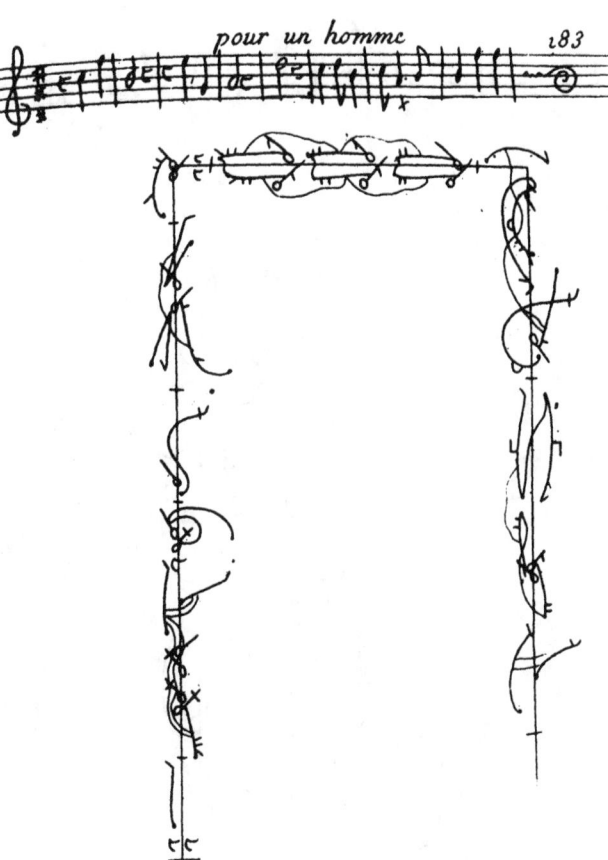

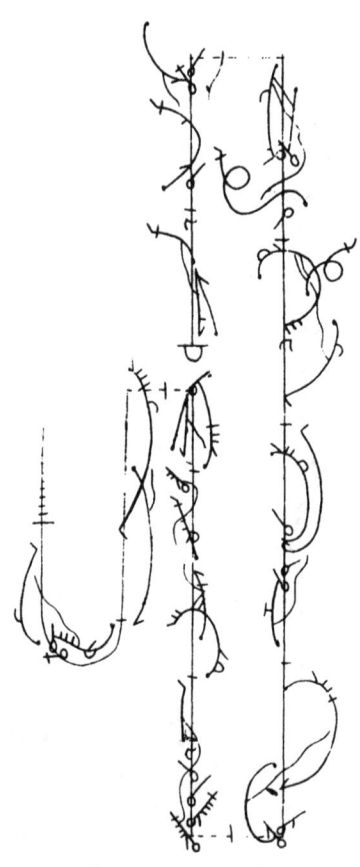

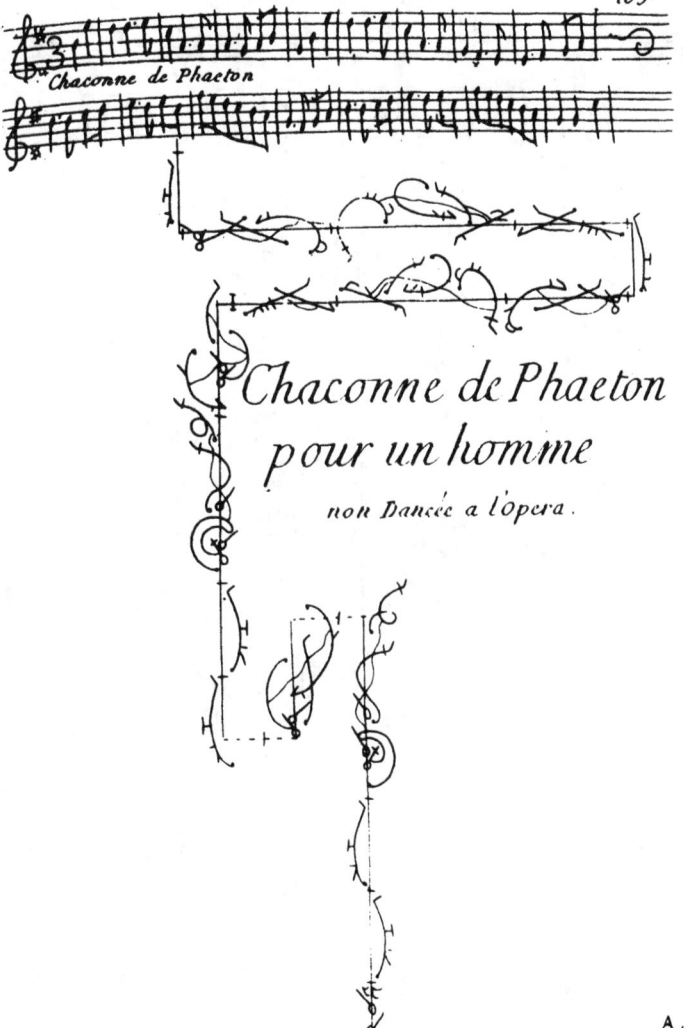

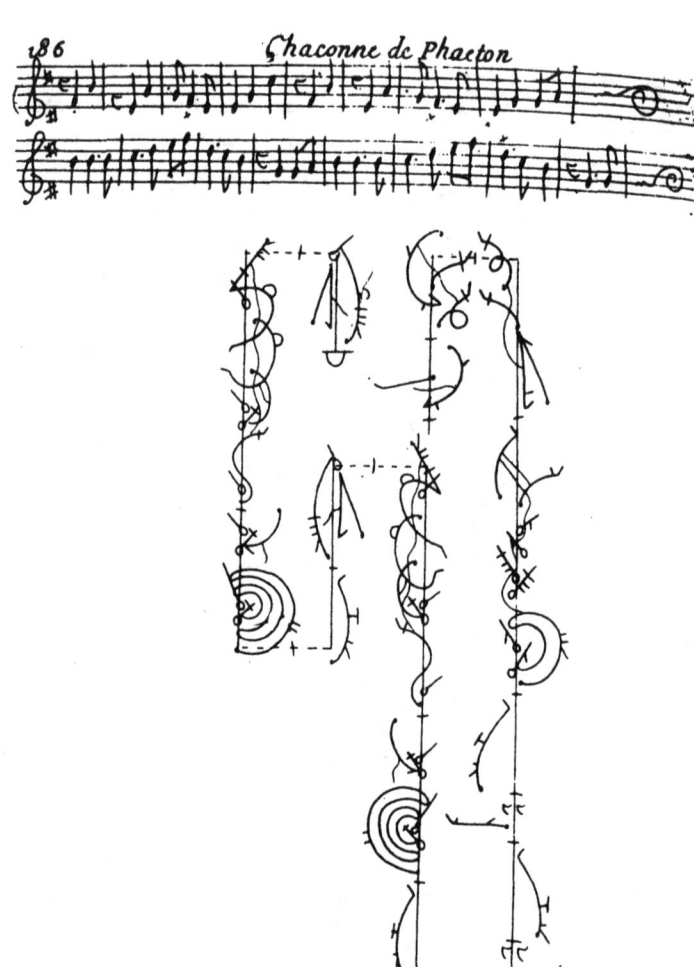

Chaconne de Phaeton

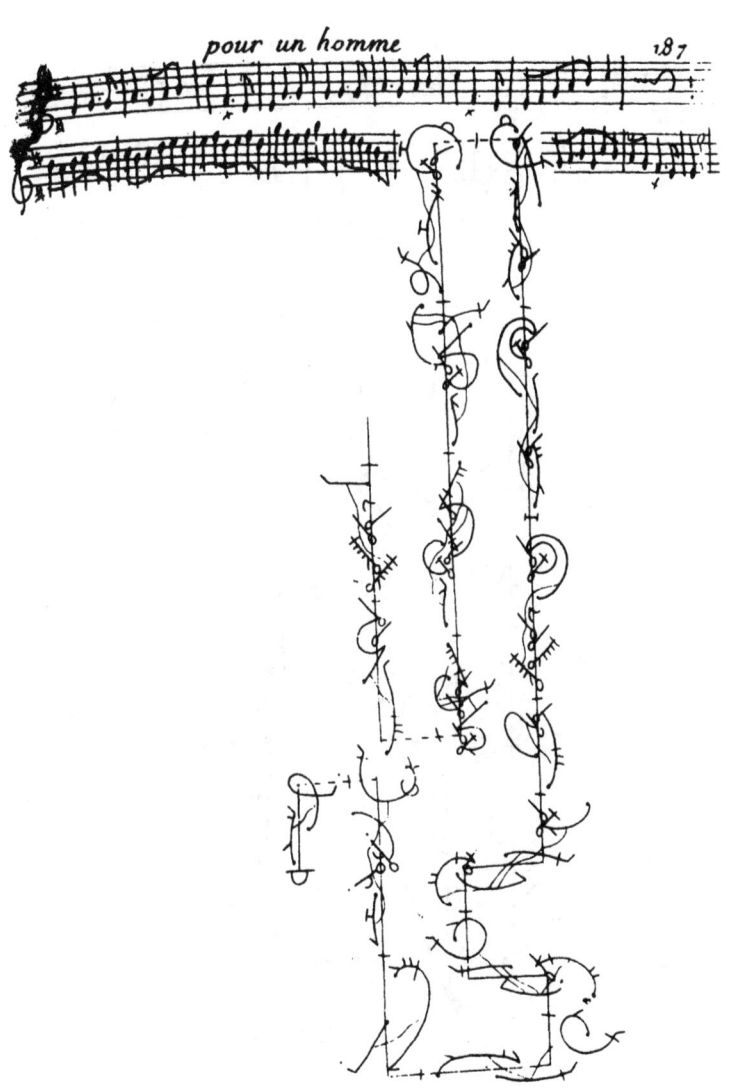

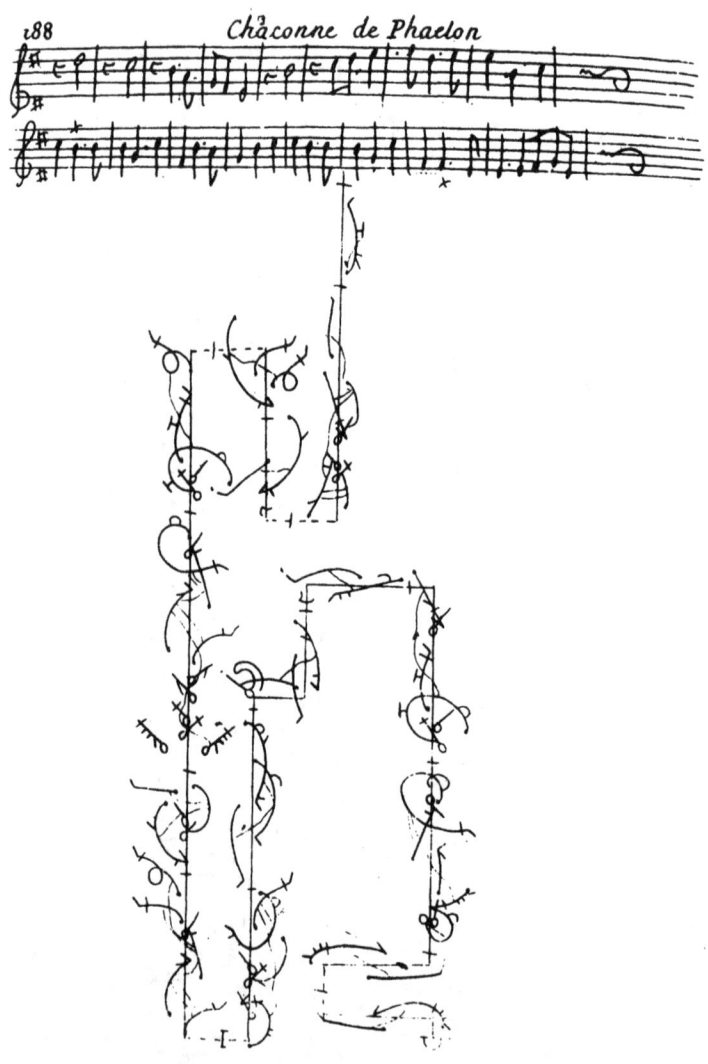

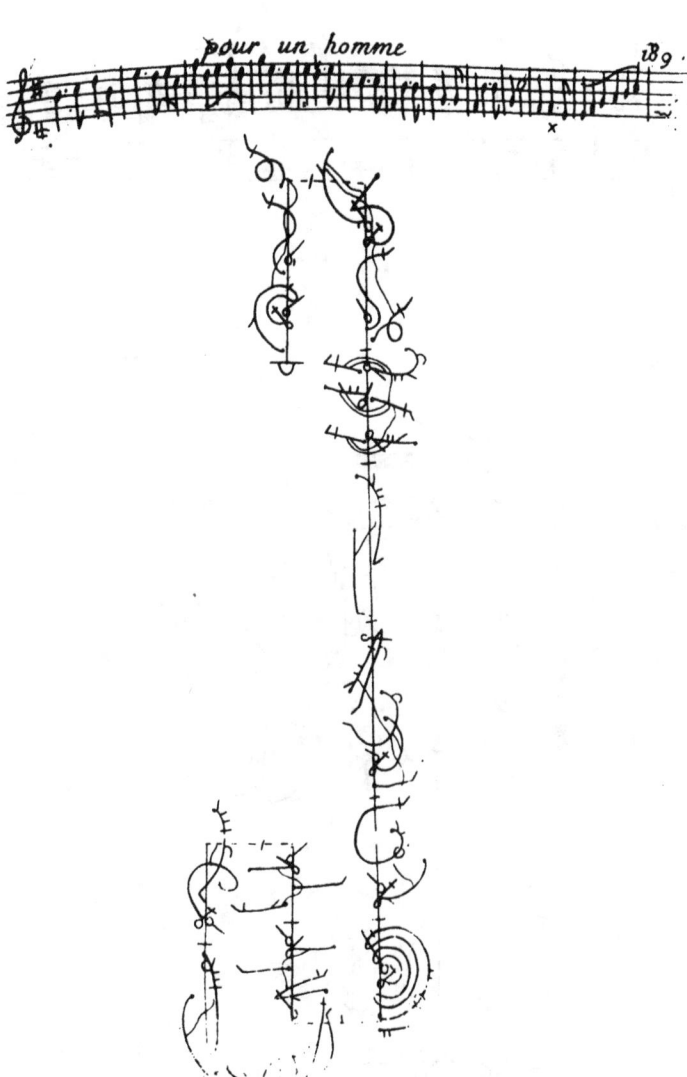

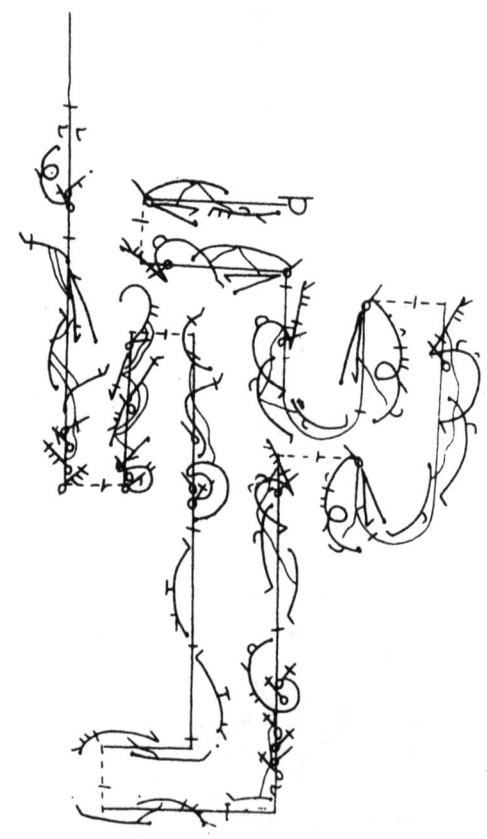

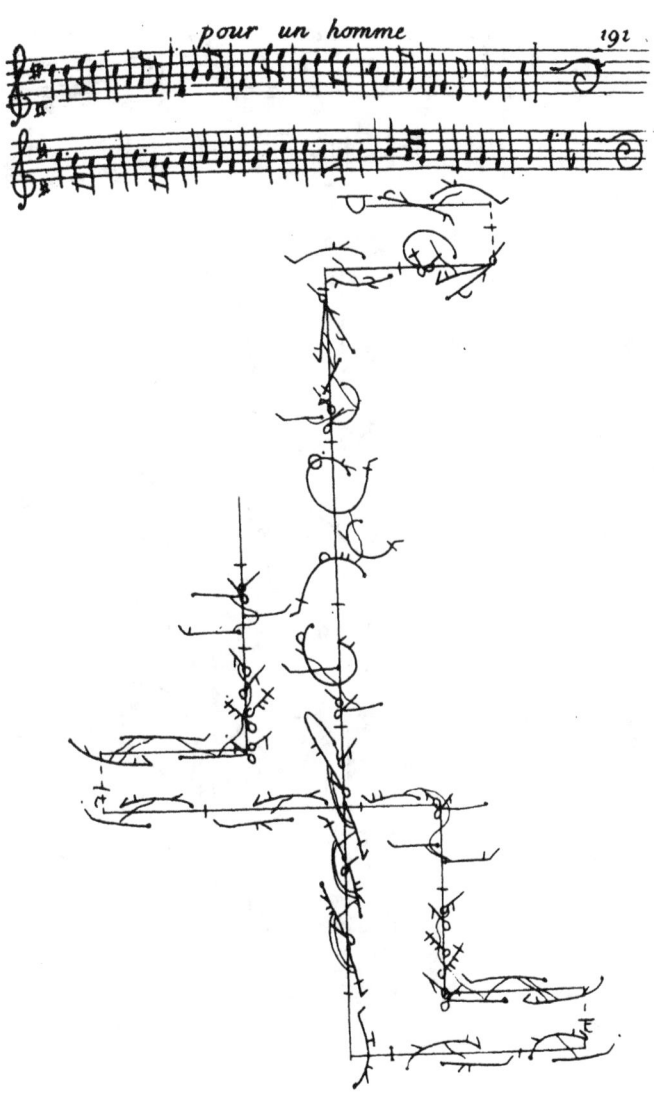

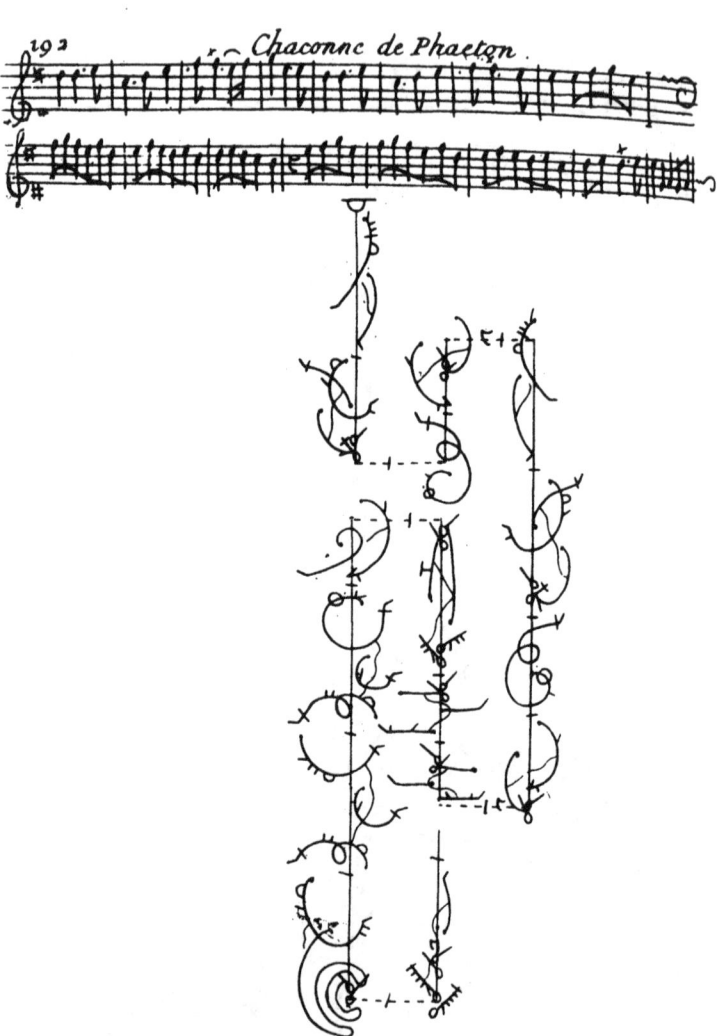

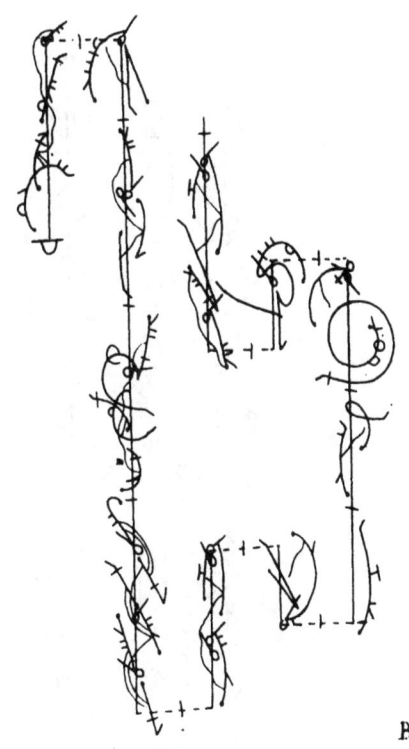

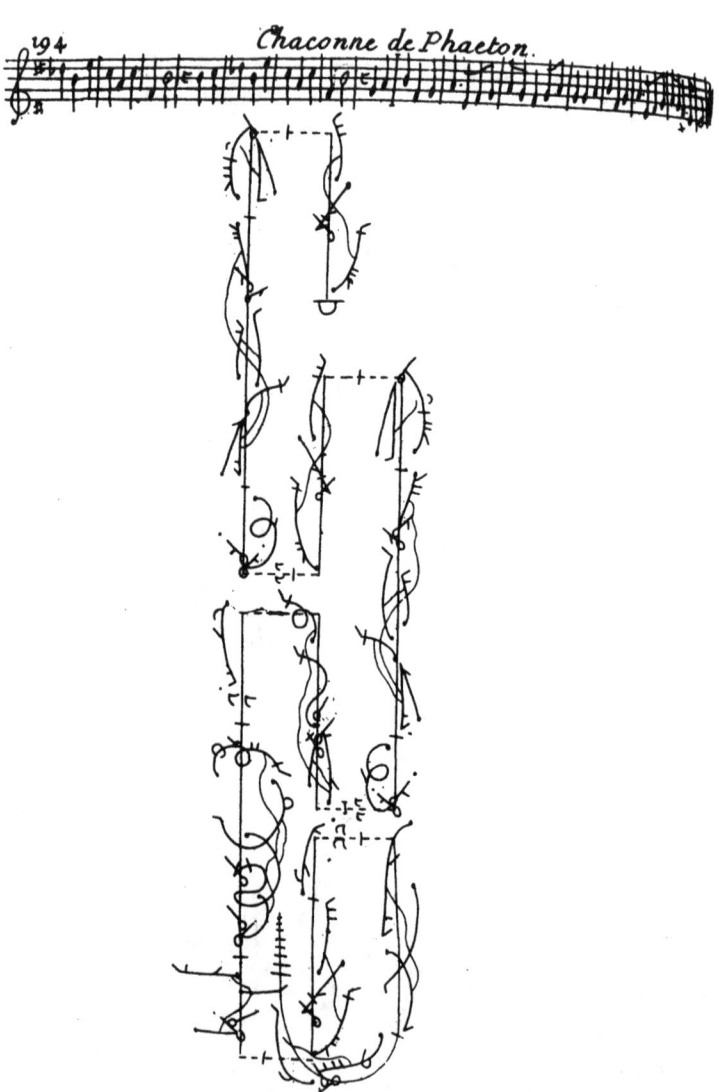

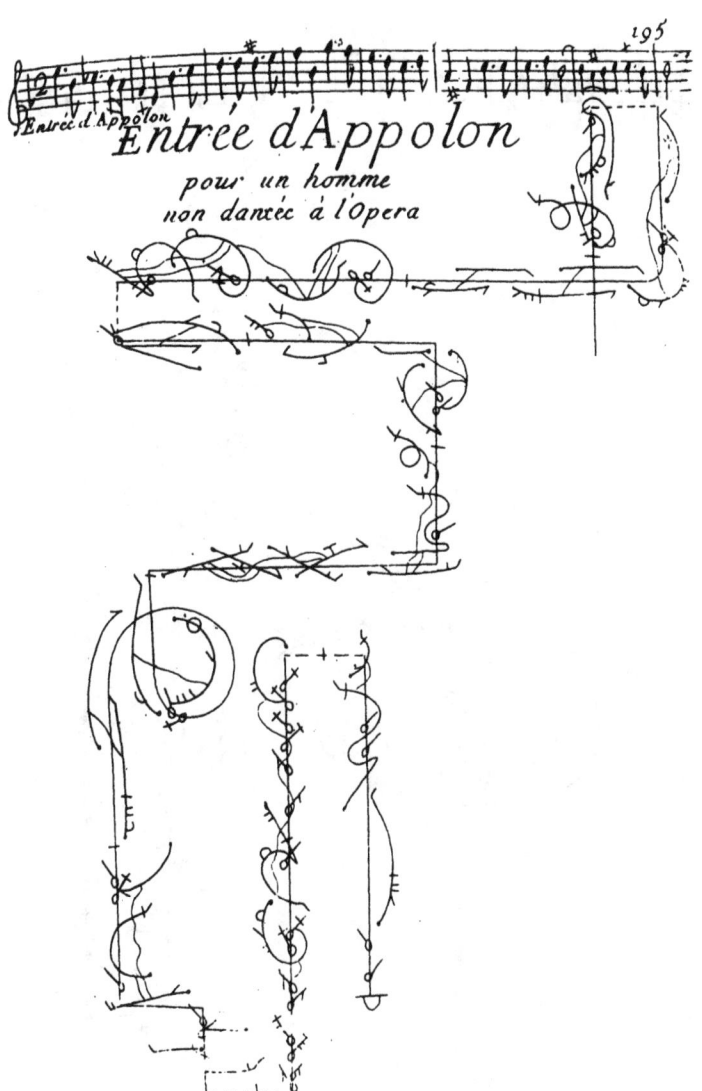

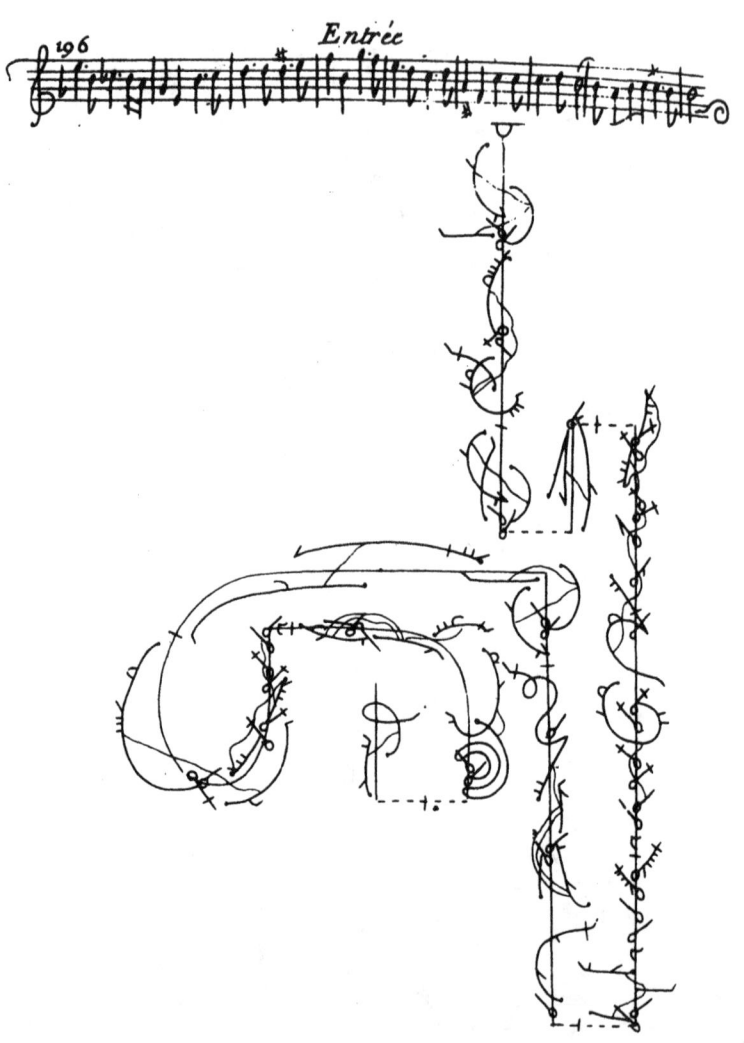

d'Appolon 197

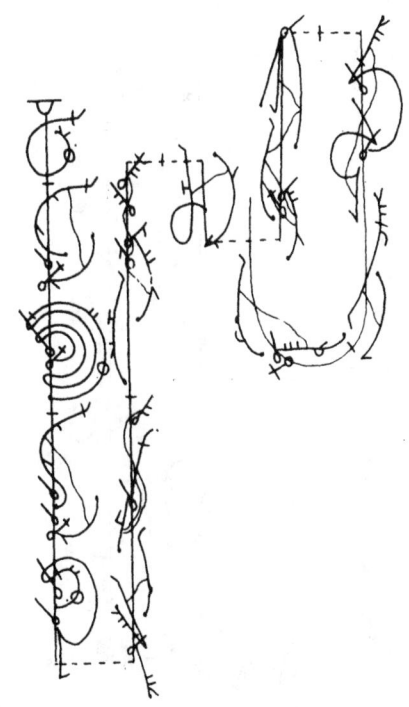

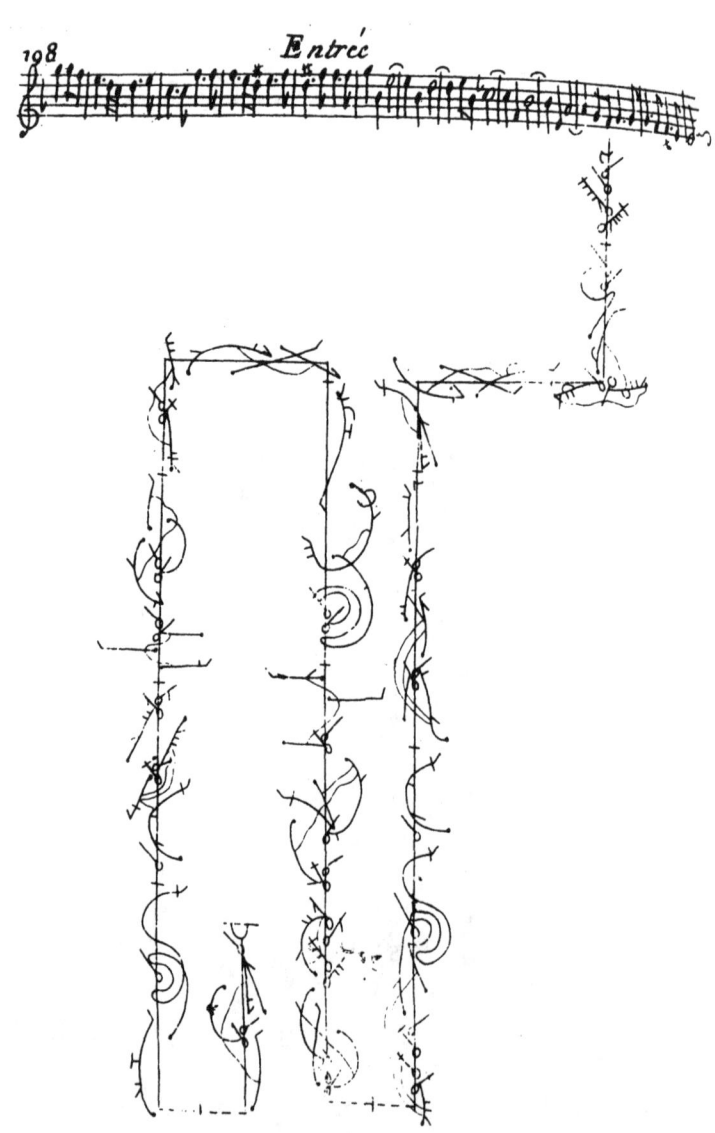

d'Appolon

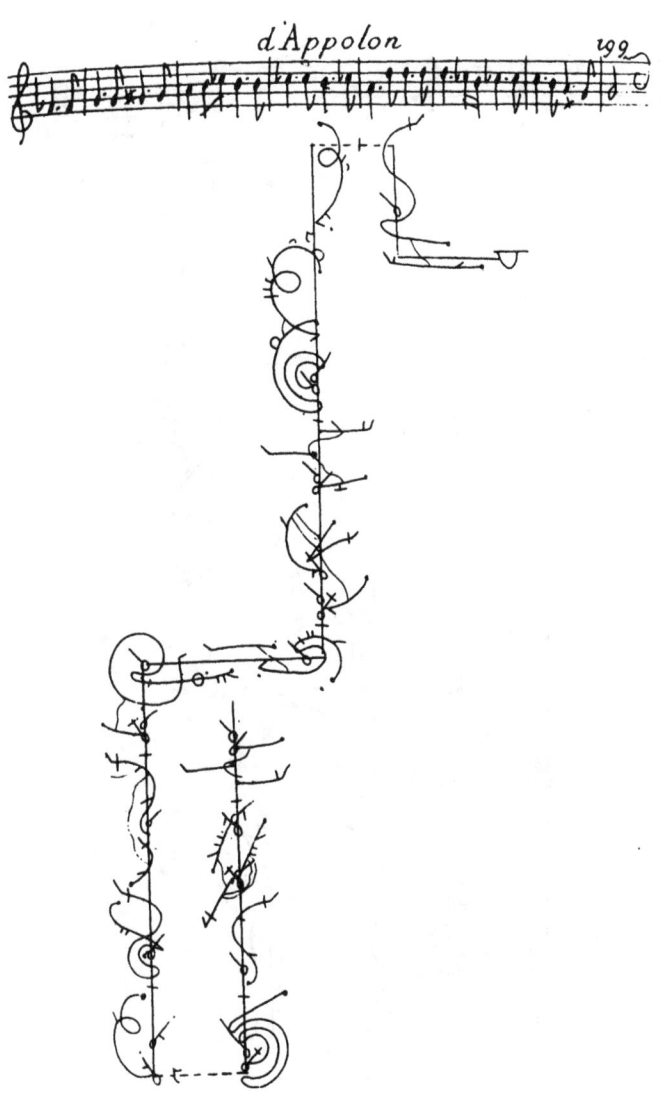

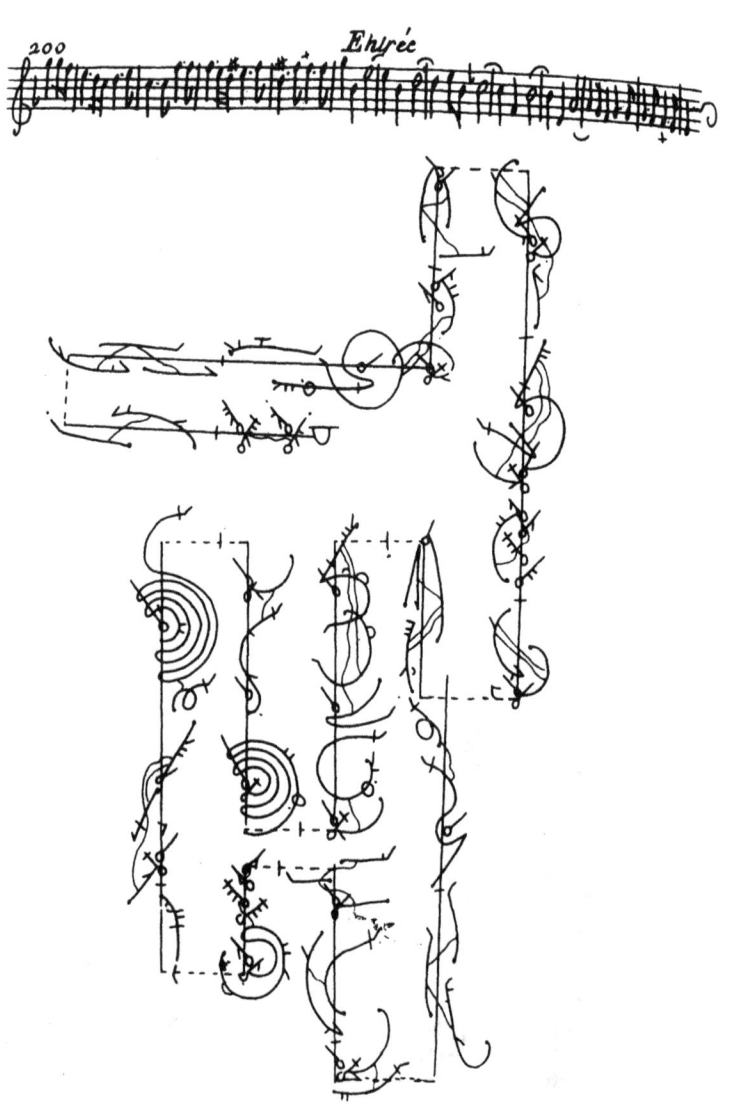

l'Aimable Vainqueur
Entrée non dancée à l'opera

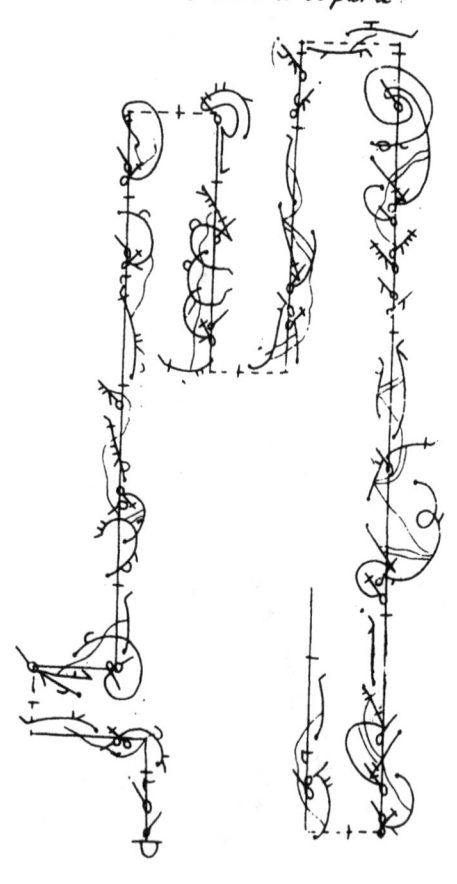

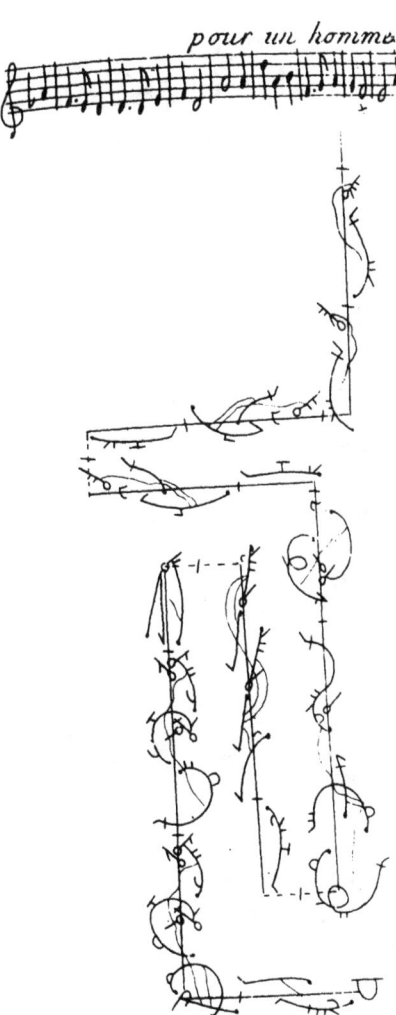

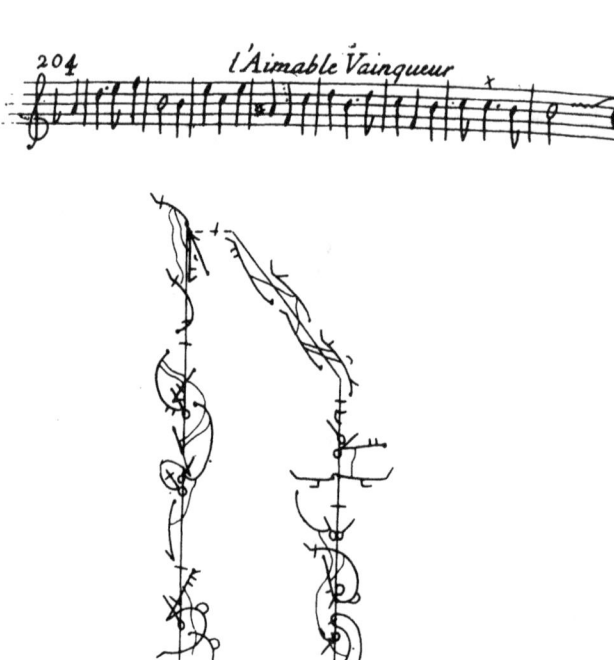

204 l'Aimable Vainqueur

pour un homme

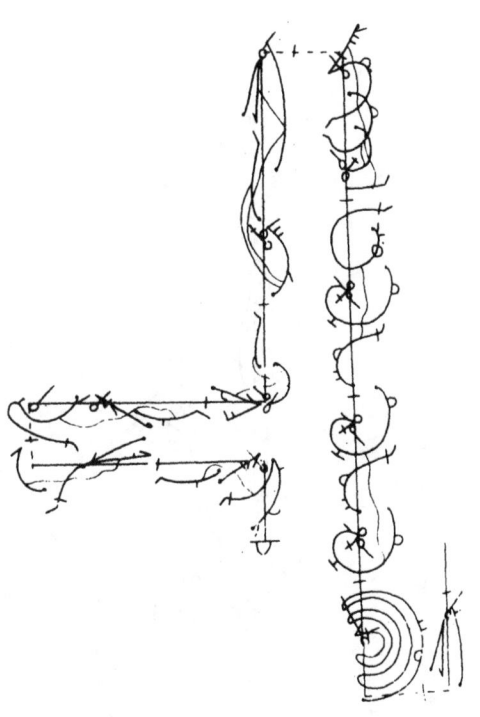

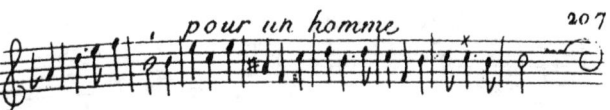
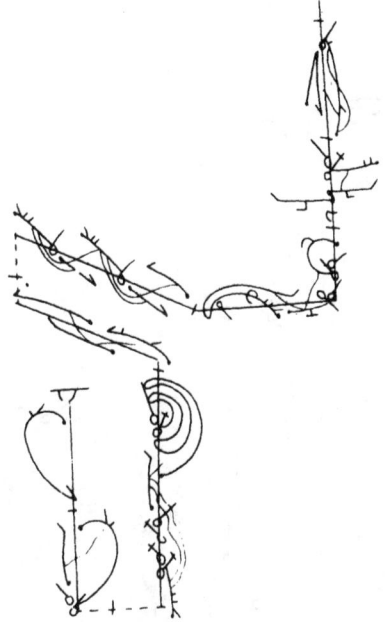

208 l'Aimable Vainqueur.

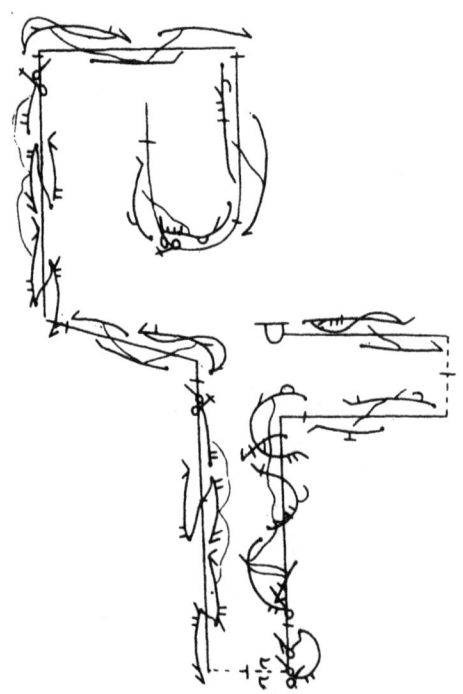

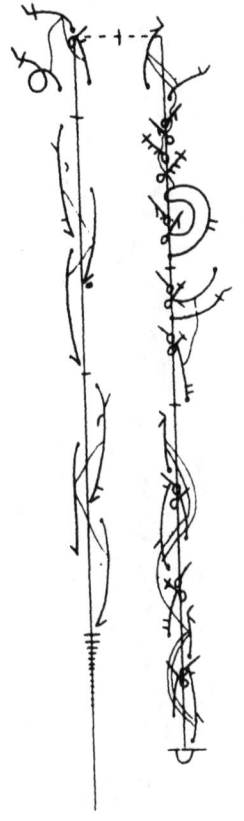

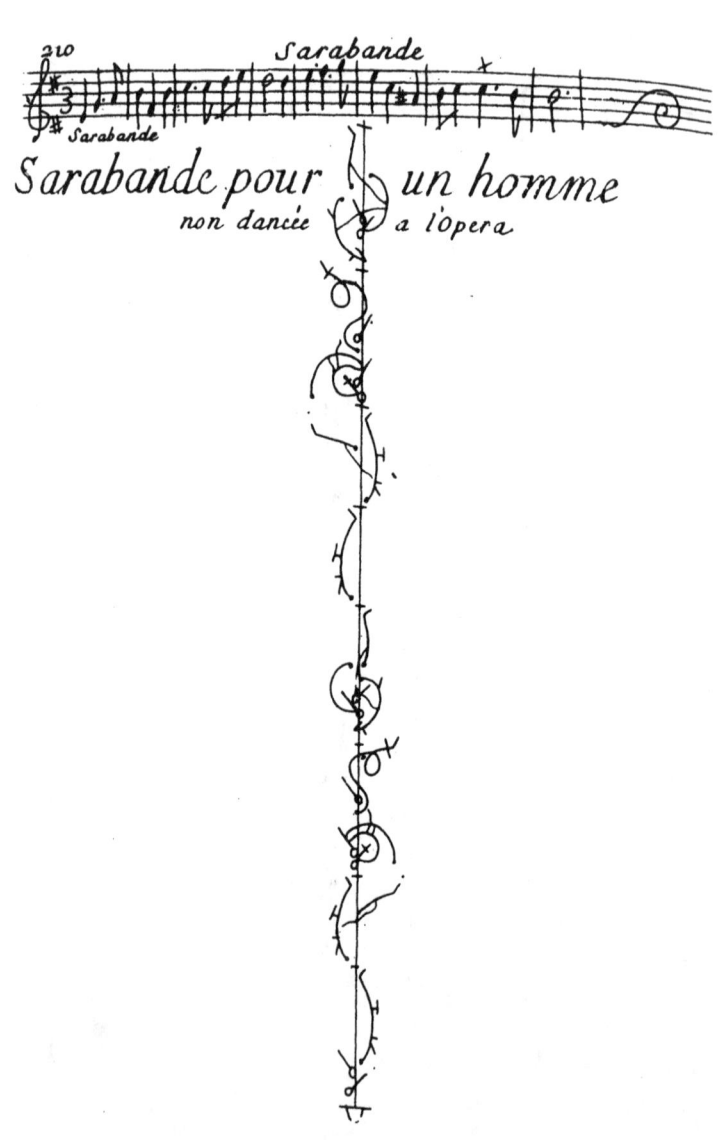

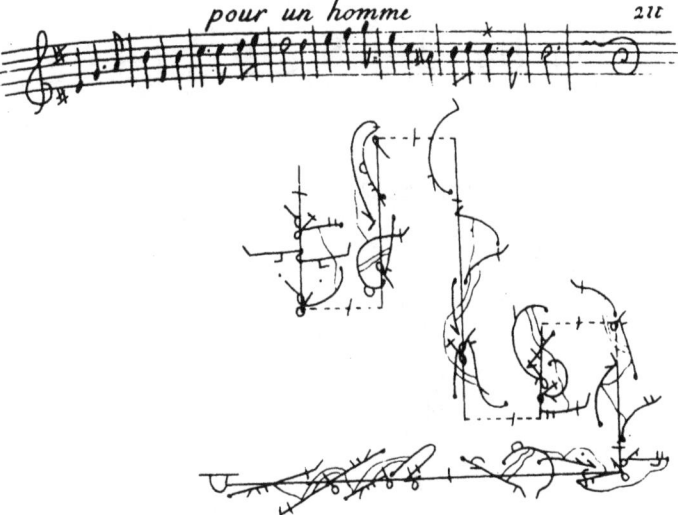

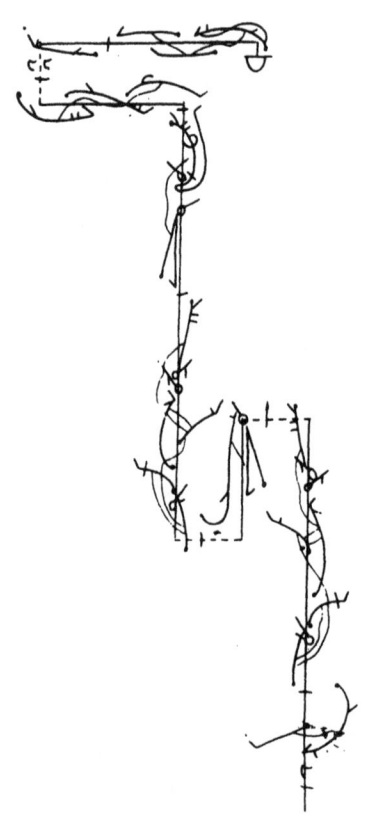

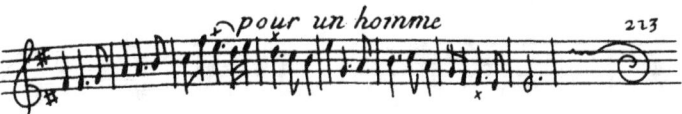

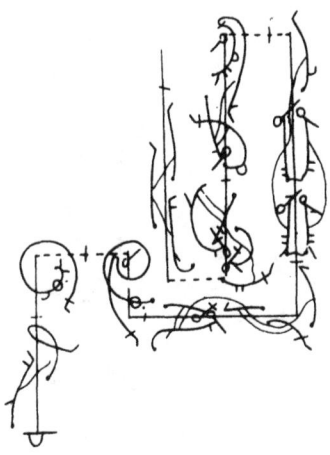

Sarabande

pour un homme

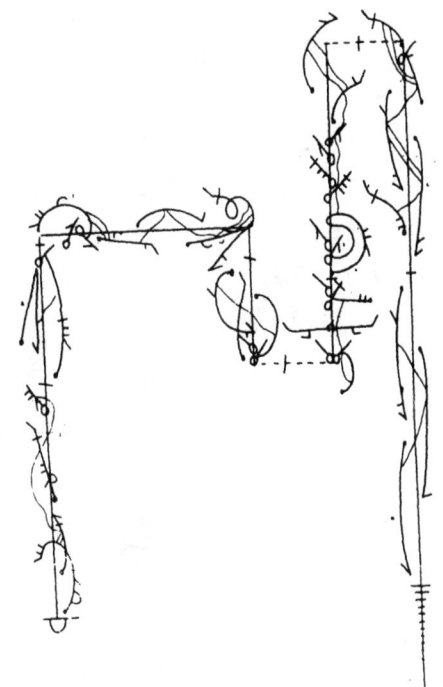

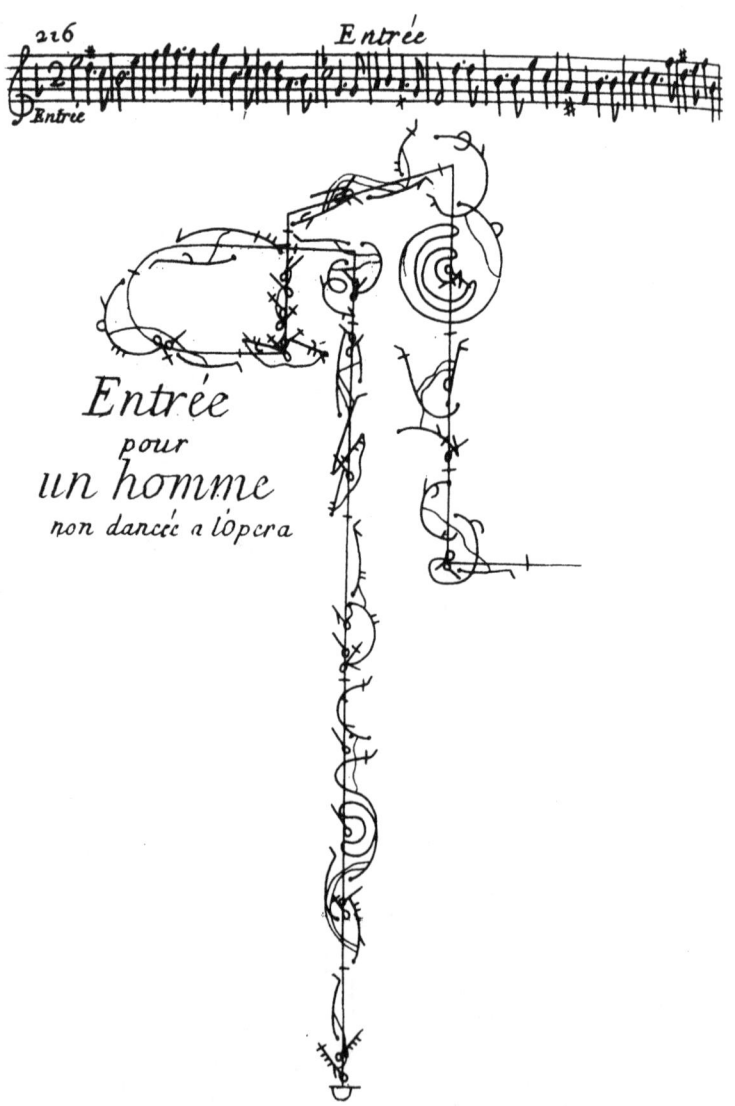

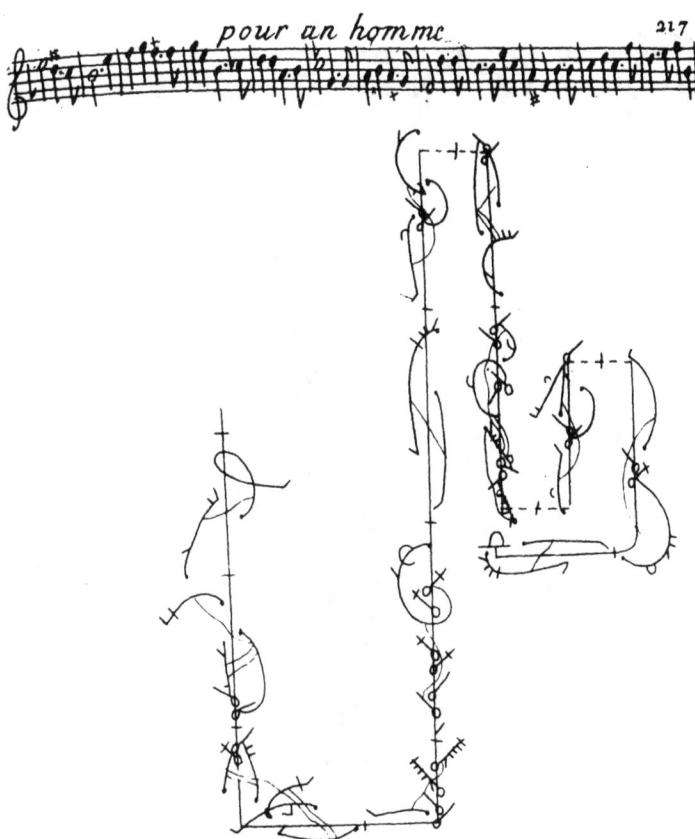

pour un homme

220 Entrée

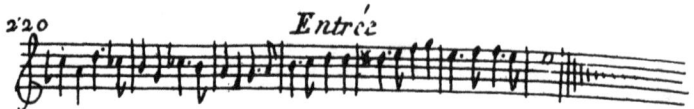

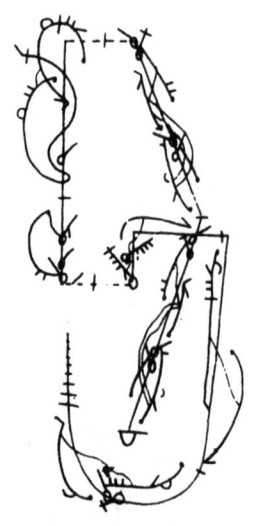

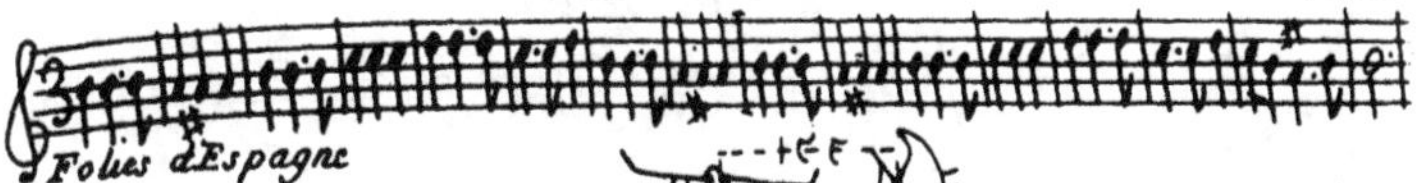

Folies d'Espagne

Folies d'Espagne
pour un homme

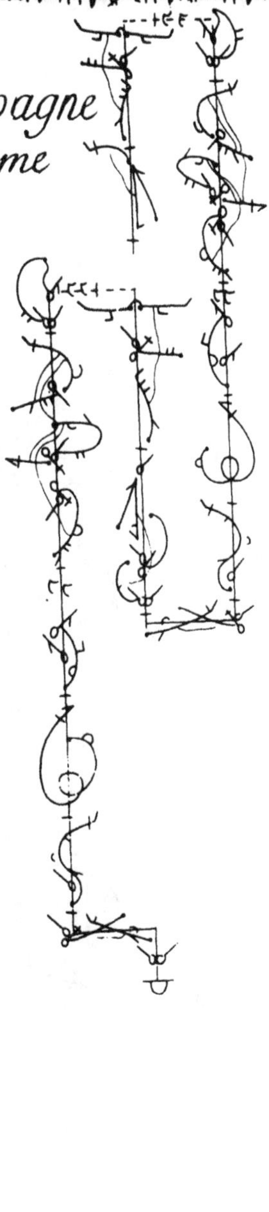

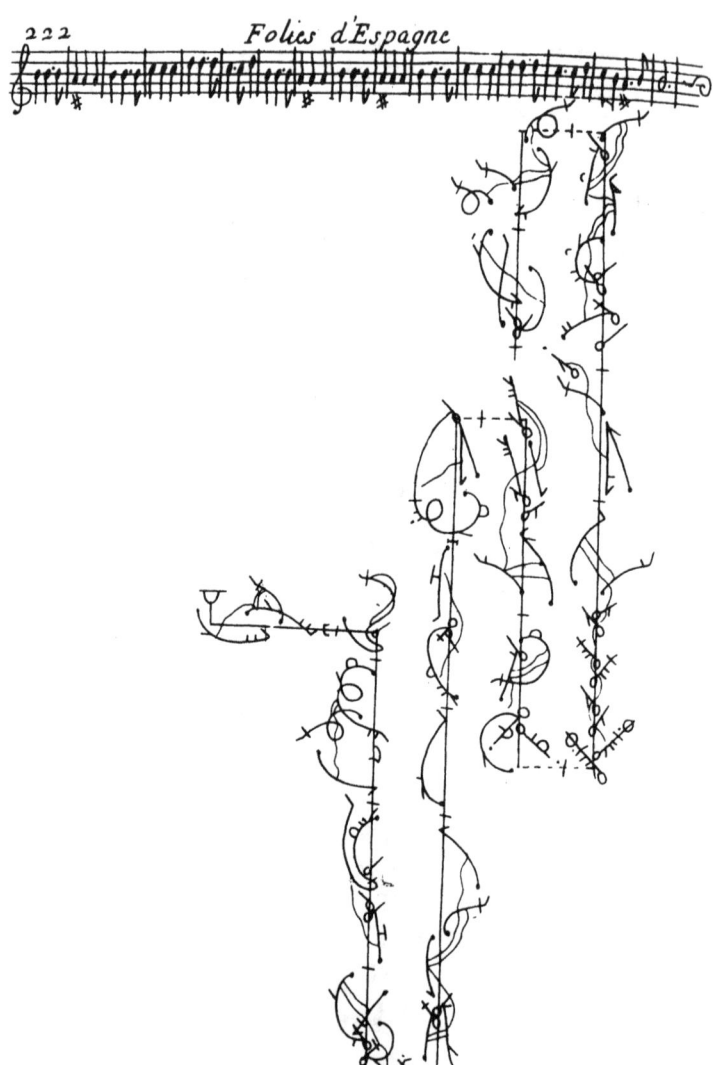

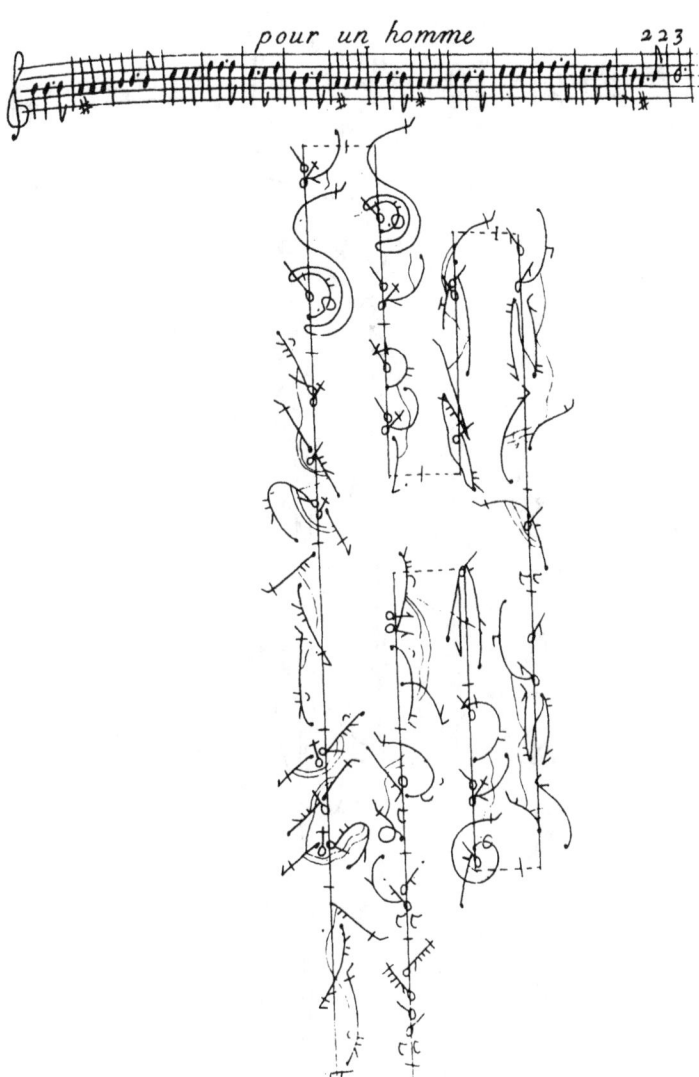

pour un homme

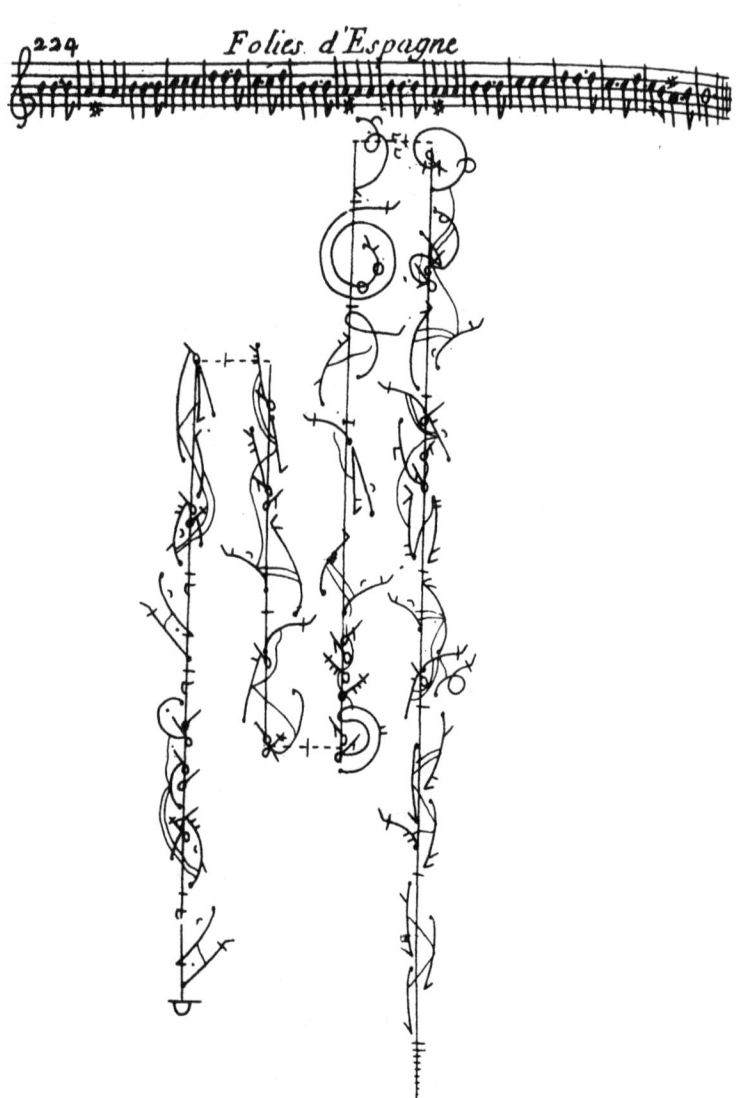

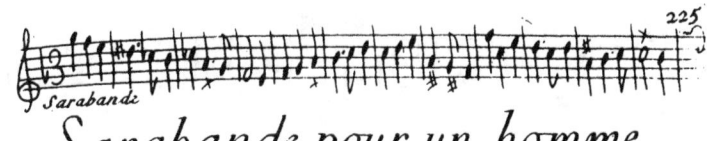

Sarabande pour un homme
non dancée à l'opera.

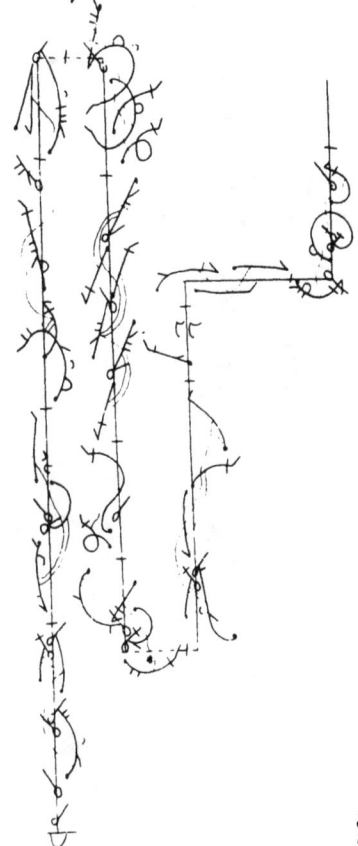

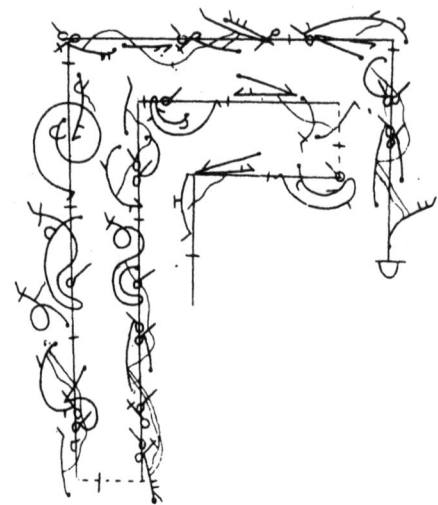

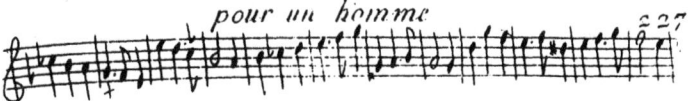

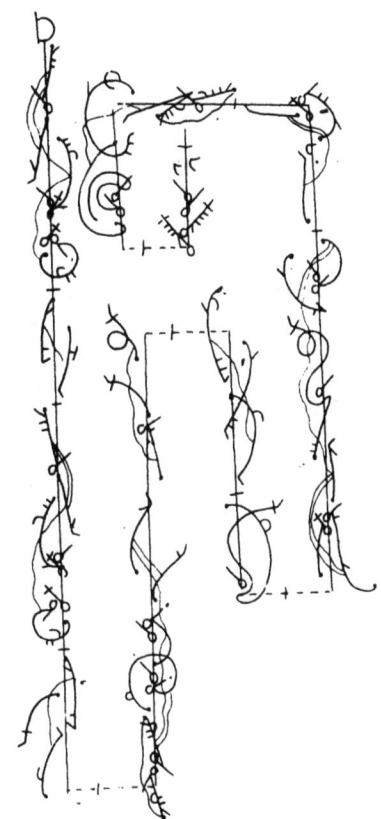

Airs des Dances
contenuës en ce Recüeil
qui sert de table à ce Volume.

Sarabande Espagnole Pag. 1.re

Forlane Pag. 5.e

Fin.

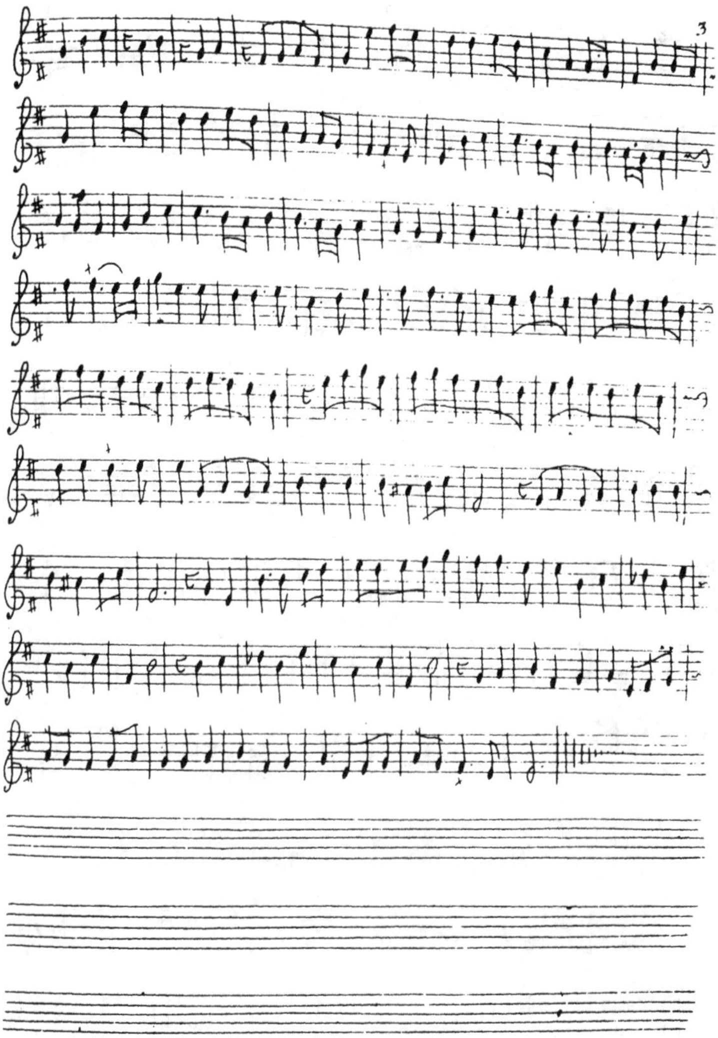

Airs

Passacaille de Scilla page 20.

des Dances

des Dances

Airs

lentement
Aimons. pag. 64.
lentem.t
Fin
Iouisson pag. 68.
gaiem.t
Rondeau pag. 74
Fin.

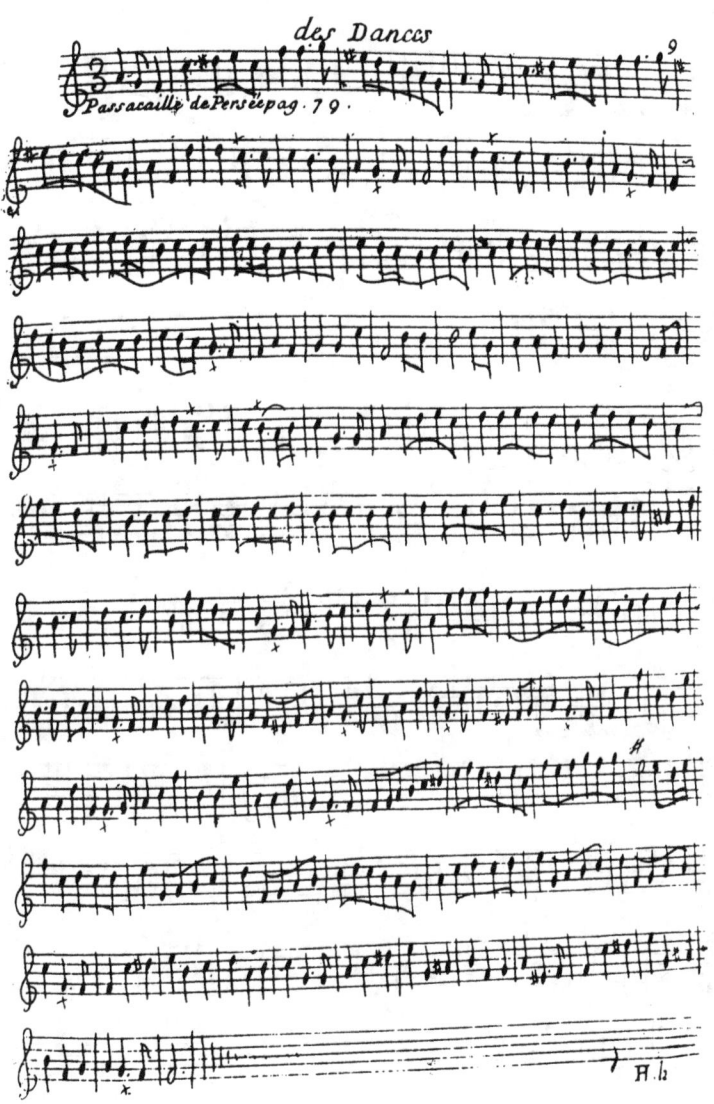

Airs

air de Persée pag. 91.

Bourée de Persée pag. 97.

Gigue lente pag. 109.

des Dances

Rondeau d'Hesionne pag. 117.

Rondeau d'Archise pag. 122.

Sarabande pag. 127.

des Dances

Airs

Chaconne pag. 176

gravement
Entrée d'Apolon pag. 195.

des Dances

Aimable vainqueur pag. pag. 202.

Sarabande 210.

Entrée pag. 210.

www.ingramcontent.com/pod-product-compliance
Lightning Source LLC
Chambersburg PA
CBHW070041230426
43661CB00027B/1322